# 훌륭한 교사는 이렇게 가르친다

# 훌륭한 교사는 이렇게 가르친다

교사의 정체성을 찾아주는 가르침의 요소 [개정 2판]

초판 1쇄 발행 2022년 2월 21일
초판 2쇄 발행 2023년 5월 25일

지은이 제임스 M. 배너 주니어 · 해럴드 C. 캐넌  옮긴이 유성상
펴낸이 김명희  편집 이은희  책임편집 김미경 · 임주하  디자인 신병근 · 선주리

펴낸곳 다봄  등록 2011년 6월 15일 제2021-000136호
주소 서울시 마포구 토정로 222 한국출판콘텐츠센터 305호
전화 02-446-0120  팩스 0303-0948-0120
전자우편 dabombook@hanmail.net  인스타그램 instagram.com/dabom_books
ISBN 979-11-92148-03-8 93370

- 다봄교육은 출판사 다봄의 교육 도서 브랜드입니다.
- 책값은 뒤표지에 있습니다.
- 잘못 만든 책은 구입하신 곳에서 교환해 드립니다.

교사의 정체성을 찾아주는 가르침의 요소

# 훌륭한 교사는
# 이렇게 가르친다

[개정 2판]

*The Elements of Teaching*

*Learning* —————————————————————————————

*Authority* —————————————————————————————

*Ethics* —————————————————————————————

*Order* —————————————————————————————

*Imagination* —————————————————————————————

*Compassion* —————————————————————————————

*Patience* —————————————————————————————

*Tenacity* —————————————————————————————

*Character* —————————————————————————————

*Pleasure* —————————————————————————————

제임스 M. 배너 주니어·해럴드 C. 캐넌 지음 | 유성상 옮김          다봄교육

# 추천사

교육에 관한 책을 평생 읽는다 해도 그 책에서 다루는 이야기를 실천하는 일은 전혀 다른 차원의 문제다. 어쩌면 그 이야기 근처에 이르기조차 어려울 수 있다. 거의 2,500년 전에 플라톤이 무엇을 어떻게 가르쳐야 하는지를 다룬 뒤로 이 주제에 관한 비평문은 끊임없이 쏟아져 나왔고 오늘날에도 홍수처럼 범람하고 있다. 도서관과 책방의 서가는 학교와 대학이 직면한 문제가 무엇이며 이를 어떻게 개선해야 할지 설명하는 책들로 계속 채워지고 있다. 어떤 책은 유명세를 타 인기를 얻기도 하고, 어떤 책은 기술적인 조언을 아끼지 않는다. 그러나 거의 모든 책은 시간이 지나면서 잊힌다.

그런데 제임스 M. 배너와 해럴드 C. 캐넌의 《훌륭한 교사는 이렇게 가르친다The Elements of Teaching》는 단연 예외다. 이 책은 이미 어딘가에 언급된 모든 가치 있는 이야기를 정말 압축적이고 지혜롭게 반추하고 있다. 1997년에 처음 출간된 이후 일부 수정을 거쳐 개정판(제2판)으로 다시 출간된 이 책은 과거에서 꺼내온 책이지만 독자들에게 강한 인상을 줄 것이다.

"정보 전달은 교사가 할 일이 아니다"라는 본문의 구절은 신문이나 주식시장의 티커테이프[*] 또는 상품에 붙은 가격표에서 한 번쯤 봤을 법한 말이다. 그렇다. 이런 말의 목록은 한마디로 시대에 뒤떨어진 구식이다. 모두 잘 알고 있듯이, 지난 20여 년 동안 신문은 살아남기 위해 발버둥 쳐왔고, 티커테이프는 디지털 시대 이전의 유물이 되어 사라져버렸으며, 가격표는 바코드로 대체되었다.

이 책이 처음 출간된 시기는 구글과 위키피디아가 온 세상을 24시간 내내 쉼 없이 접근 가능한 거대한 열람실로 바꾸어놓기 이전이다. 그러나 최근 목격하고 있는 급격한 기술적 변화는 배너와 캐넌이 말하고자 하는 내용의 시급성을 역설적으로 강조해준다.

많은 교육 정책 결정자들이 학교나 대학을 좀 더 효율적인 곳으로 만들 열쇠라며 기술 사회의 비전(누구에게는 유토피아일지 모르지만 누구에게는 디스토피아인)에 사로잡힌 요즘 시대에, 이 책

[*] 예전에 주식시장에서 주식 시세를 알려주던 얇은 종이 리본.

은 헌신적이고 참여적이며 인간적인 교사가 학생에게 꼭 필요하다는 점을 상기시켜준다. 머슨Gary Saul Morson(노스웨스턴대학교 문학 석좌교수)과 샤피로Morton Schapiro(노스웨스턴대학교 총장이자 경제학 석좌교수)의 말처럼 "태도가 중요하다." 배너와 캐넌은 이 진리를 열정적으로 옹호해왔다. 이상하게 들릴지 모르지만, 이러한 진리가 논쟁 속에서 잊히고 있는 시대에 말이다.

머슨과 샤피로는 특정한 태도, 즉 '가르침'이 '소명'이고 '신념에 따른 행동'인 교사의 태도를 말하고 있다. 이들은 진정한 교사란 "자기가 가르치는 교과목의 전도자"라고 주장한다. 교사가 가슴에 새기고 있는 교사다운 교사는, 무엇이 되었든 자기 교과와 사랑에 빠진 사람이다. 다시 말해 어린 세대가 즐겁게 따라잡기를 바라는 마음에서 그들에게 교과 지식을 나눠주는 것을 기쁨으로 여기는 사람이다.

배너와 캐넌이 종교의 언어를 특히 좋아한다고 느끼는가? 이들은 사랑, 즉 에로스의 언어도 과감하게 끌어다 쓴다. "학생에게 배움의 방법을 보여주고자 하는 교사는 자기 교과목에 온 마음이 사로잡혀 있어야 한다. …… 가르침의 즐거움은 상호적이다. 교사가 가르침을 베풀어 즐거움을 얻는다면, 학생은 즐거움을 얻을 뿐만 아니라 교사를 기쁘게 만들어 자신의 즐거움을 다시 교사에게 돌려준다." 학생과 교사 사이에 쓰이는 그 어떤 성적인 표현도 비난받는 현실을 감안하면, 이들의 이런 표현은 사람들에게 경계심을 품게 한다. 그러나 배너와 캐넌은 이에 따른 혼동을 피하기 위해 다음과 같이 못박는다. "교사가 학생들의 절친한 친구나 동료가 돼서는 안 된다. 더욱이 사적인 친밀감을 형성하면 안 된다."

한편 학생은 즐거움을 얻고자 필사적으로 애쓰는 교사를 목격함으로써 배움의 즐거움을 가장 잘 발견하는 듯하다("우리 기억 속에 가장 생생하게 남아 있는 교사들은 자기 교과에 정통하고, 누구보다 열심히 사랑을 담아 그 교과를 가르친 분들이었다"). 수학적 증명을 차근차근 해나가면서, 또는 시의 문구를 만들어가면서, 또는 외국어 숙어를 차츰 익혀가면서 말이다. 이런 교사는 자기 교과 분야에 벌써 통달해 있지만, 이제 막 교과를 배우기 시작하는 학습자에게 인내심을 품고 있다. 그들은 모든 학생에게 "교실 문을 들어서기 전보다 더 많은 지식을 얻고, 삶을 대하는 마음의 문을 좀 더 넓게 열고, 세상을 좀 더 잘 이해할 수 있는" 능력이 있다는 믿음에 이끌린다.

이런 신조에 담긴 보편적 일깨움의 이상(理想)은 불가능해 보일 수 있다. 이런저런 시험을 통해 학생들을 수월성 수준으로 분류하면서 점점 더 스트레스를 쌓아가는 요즘 세태에서 보면 더욱 그렇다. 그러나 이는 민주주의 사회가 갖춰야 할 기본적인 교의다. 이런 신념에 따라 모든 사람은 자신을 지지해주고 인간의 존엄을 지켜주는 환경에서 스스로의 재능을 개발해나갈 잠재력과 권리를 누려야 한다. 이 책은 이런 신념이 얼마나 중요한지 일깨우는 감동적인 증언이다.

교사가 자기 일을 잘하려면 저수지와도 같은 거대한 공감능력이 있어야 한다. 교사는 "자기가 외부의 영향력에 얼마나 쉽게 상처를 입는지, 배우는 과정이 얼마나 힘든지, 누구에게 수용되고 대중적인 인기를 얻기 위해 얼마나 많은 걱정을 했는지를 회상해봐야 한다." 교사는 "자기가 학생이 된 것처럼 상상하며 …… 학생에게 지금 당장 알 수 없고 어쩌면 이전에 한 번도 경험한 적이 없는 다른 시대, 다른 장소, 다른 환경에 놓인 것처럼 상상하게 도와야 한다."

이런 정서는 경쟁적인 또래의 압력에서 실패할까 두려워하는 아이와 청소년, 어쩌면 우유부단한 대학생을 가르치는 교사들에게 주로 적용될 것이다. 물론 서로 다른 단계의 가르침이라는 도전 과제는 정말 다양할 수 있지만 말이다. 엘리트 대학교에서 높이 평가받는 학생들에게는 여전히 더 많은 무언가를 성취해야 한다는 압박이 배움의 주요 장애물일 것이다. 취학 전 유아들에게는 낯선 어른들이 통제하는 공간에 적응하는 일일 것이다.

그러나 역사학자 배너와 고전학자 캐넌은 이 모든 것을 공유할 만한 사람들에게 말하고 있다. 배너와 캐넌은 도심 학교부터 엘리트 명문 대학에 이르는 다양한 범주의 학교에서 몇십 년을 가르쳤다. 따라서 가르치는 과목이나 학교 유형에 상관없이 이 책의 내용이 모든 범주의 교사에게 잘 들어맞는다는 점이야말로 가장 놀라운 특징이다.

배너와 캐넌의 평생에 걸친 학문적·교육적 경력이 과거와 맞물려 있다는 점을 생각해보면, 두 학자가 주로 현재 시제로 글을 썼다는 사실은 가히 놀랍다. 일반적인 교육 원리와 특정한 교사의 모습을 잘 조합한 이 책은 모든 기본적인 교육 문제가 오래된 것인 동시에 늘 지금의 새로운 것임을 확인시켜준다.

가르치는 일에 한 해 이상 종사한 교사들은 해마다 밀려드는 새로운 학생들의 파도에 직면하면서, 학생들이 거의 알지 못하는 낯선 세상에서 자신들이 성장했다는 것을 깨닫는다. 변화의 속도가 단순히 빨라지는 게 아니라 기하급수적으로 빨라지고 있기 때문에 교사와 학생 간에 켜켜이 쌓여온 경험의 차이는 그 어느 때보다 커지는 듯하다. 그런데 이러한 간격이 없던 적이 있었는가? 재능 있는 교사라면 이 간격을 없애지는 못하더라도 줄일 수는 있을 것이다.

여기서 배너와 캐넌도 본문에서 인용한, 강의실에서 놀랍도록 매력적이었던 철학자 윌리엄 제임스<sup>William James</sup>를 불러올 수 있다. 그는 20세기로 넘어가는 전환기에 모든 교사의 의무와 기회라는 주제에 관해 이렇게 썼다.

교사는 자기 수업에 학생의 관심이 온통 기울게끔 가르쳐야 한다. 그 순간 학생의 머리에서 다른 교과 생각이 완전히 사라질 정도로 말이다. 그래서 그 공부가 죽는 날까지 기억될 수 있을 만큼 인상적인 것임을 학생에게 드러내라. 마지막으로, 그 수업과 관련된 바로 다음 단계의 앎이 무엇인지 잔뜩 궁금해지게 호기심을 불러일으켜라.

오늘날 우리는 제임스의 말을 다음과 같은 관점에서 해석해낼 수 있다. 훌륭한 교사는 '주의력 결핍증', 즉 '멀티태스킹' 사회에서 다들 어느 정도는 겪고 있는 만성질환을 치료하는 최고의 해독제다. 이런 주의력 결핍증을 치료하는 최고의 대응법은 훌륭한 교사가 모범적으로 보여주는 것에 강렬하고 전염성 강한 집중력을 발휘하는 것이다.

배너와 캐넌은 학교 교실에서 계속 반복되는 역설을 아주 잘 알고 있으며, 이에 관해 명쾌하고 뛰어난 설명을 덧붙인다. 이들이 잘 설명하듯, 교사는 학생에게 요구하는 것과 학생을 격려하는 것 사이의, 접근 가능한 무형식성과 엄격한 형식성 사이의 가늘고 미세한 선 위를 걸어야 한다. 교사는 훌륭한 가르침이 권력이 아닌 권위를 행사함으로써 이루어지며, 겸손함에 바탕을 둔 전문가적 자신감으로 특징지어지며, 무엇보다 학생에게 배우라고 강제하는 것이 아니라 학생이 배우고 싶어 하게끔 영감을 불어넣는 것임을 깨달아야 한다.

어떤 사람은 어려운 문제에 냉정하게 대응해야 하는 요즘 같은 시대에 이런 시시한 일반론은 제대로 작동하지 않는다고 말할 것이다. 이 책은 정책 전문가에게는 잘 맞지 않는다. 한마디로 그들을 위한 책이 아니다. 이 책은 오늘날 뜨거운 논쟁이 벌어지는 이슈—차터 스쿨charter school 의 장점과 전통적인 공립학교

● 특정한 독자적인 목적으로 세운 공립학교.

의 장점, 표준화한 평가의 장점과 단점, 가르침과 학습의 질을 정확하게 측정하는 방법, 교사 정년 보장을 직업 규범으로 수호해야 할지 아니면 아예 없애는 것이 좋은지 등—와 관련해 아무것도 말해주지 않는다. 이런 이슈를 둘러싼 논의를 알고 싶은 독자들은 다른 책을 보면 된다.

그 대신에 이 책은 열망이 가득한 교사와 노련하고 경력 많은 교사에게 필요한 원기를 회복할 수 있는 강장제와 같은 내용을 전달한다. 이런 교사들은 자신의 일, 즉 가르침이 다른 직종보다 덜 칭송받고 사회적 보상이 적은 직업임을, 그러나 잠재적으로 더 큰 보상을 얻는 직업임을 잘 알고 있다.

배너와 캐넌은 이 책의 첫 문장에서 "대부분의 교사는 가르침이 일종의 예술이라는 점을 잊고 있다"고 했다. 교육에 관한 대부분의 책 또한 이 사실을 잊고 있다. 물론 예외도 있다. 로즈Mike Rose의 《왜 학교인가Why School?》(2009)는 전혀 준비되지 않은 학생들조차도 어떻게 헌신적인 교사들의 지도에 따라 성장하고 성공할 수 있는지 잘 보여준다.

특별히 대학을 다룬 책들로는 새밋Elizabeth Samet의《군인의 심장Soldier's Heart》(2007. 미 육군사관학교에서 문학을 가르치는 일에 관한 이야기), 앨릿Patrick Allitt의《나는 교사, 너는 학생I'm the Teacher, You're the Student》(2004. 에머리대학교의 학부 과정에서 역사를 가르치는 일에 관한 이야기), 에드먼드선Mark Edmundson의《왜 가르치는가Why Teach?》(2013. '쓸모없는' 인문학이라는 무성한 소문에 대해 버지니아대학교의 한 교수가 보내는 변명) 등이 있다.

그러나 교육에 관한 요즘 책들은 대개 교육기관의 여건과 환경에 초점을 맞추고 있다. 도저히 지원해줄 수 없을 정도의 비싼 학비나 고비용 문제, 각 기관이 허비하는 자원과 시간, 이런 기관의 실패, 절망과 분노의 시대에 위협당하고 있는 가치 등에 집중한다.

이 모든 쟁점은 하나같이 중요하지만, 그만큼 서로 매우 복잡하게 얽혀 있다. 배너와 캐넌이 이 책에서 칭송해 마지않는 가르침은 국가적 우선순위를 재배열하여 모든 수준의 교육에 활력과 생동감을 불어넣어주는 투자가 이루어져야 이행될 수 있을 것이다. 끔찍한 구조적 문제를 간신히 해결하는 날이 올지는 모르겠다. 그러나 비록 그런 날이 온다고 하더라도 모든 학생의 배움에서 가장 중요한 단 하나의 요인은 교사가 보여주는 질적 수준과 헌신이다. 이 책은 그런 진실에 대한 신념의 표명이다.

2016년 6월

앤드루 델반코Andrew Delbanco

# 개정판 서문

《훌륭한 교사는 이렇게 가르친다》 초판을 낸 지 20년이 지났다. 예일대출판사가 이를 기념해 개정판을 내보자는 제안을 먼저 해왔다. 지난 20년 동안 이 작은 책을 찾는 독자가 끊이지 않았고, 아랍어·중국어·한국어·베트남어·프랑스어로도 번역되어 읽히고 있었다. 이러한 점이 출판사에서 개정판을 제안하게 만들었다. 우리는 개정판 작업을 수행하고자 자료를 모으기 시작했다. 많지는 않지만 초판의 내용을 보완할 기회가 생겼고, 덧붙이고 싶은 이야기를 별도의 장으로 구성할 수 있었다.

우리는 사소하지만 바로잡아야 할 실수와 부적절한 대목을 골라내면서, 초판의 내용을 되도록이면 바꾸지 않으려고 노력했다. 그래도 초판과 개정판의 가장 큰 차이라면 '끈기tenacity'에 관한 장을 하나 새로 넣고, '윤리ethics'에 관한 장에서 새로운 사례로 바꾼 것 정도다. '윤리'를 다룬 장에서 기술한 부정적인 표현이 불쾌하게 여겨질 수 있다고 판단했기 때문이다.

비평가를 포함한 몇몇 독자는 이 책을 좋게 말해 고풍스럽고, 나쁘게 말해 시대에 뒤떨어진 구식이라고 이야기했다. 우리가 이런 평가를 손사래 치며 부인할 이유는 없었다. 그게 사실이니까. 독자들의 감상과 비판은 감안하지만, 세대에서 세대로 이어지는 훌륭한 가르침의 전형적 특성은 바뀌지 않는다고 생각한다. 만약 우리가 교수법에 관한 책을 썼다면 전체적인 내용을 시대의 흐름에 맞게 고치고 조정했을 것이다. 이 책에서 보여주는 가르침의 요소들elements of teaching은 언제나 새로운 것이다. 물론 전통적이면서도 말이다.

이제 글의 모습이 20년 전보다 조금은 더 분명해졌다. 이로써 가르침의 요소들이 튕겨 나오지 못할 만큼 서로 단단히 묶어두었다. 이 책에서 이야기하듯 가르침의 특징은 말로 나타내기 어려운 것이지만, 우리는 그 특징이 어떤 모습인지 표현하려고 무던히 애썼다. 그러면서도 초판의 내용이 뜻하는 바를 좀 더 명료하게 만들려면 결국 이 책 전체를 완전히 새롭게 구성하고 바꿔야 한다는 것을 깨달았다. 물론 출판사에서 전면 개정을 요구하지는 않았다. 따라서 이번 개정판에서는 그 어떤 요소라도 효과적인 가르침을 홀로 이뤄낼 수 없다는 사실을 주장하는 정도로만 수정 범위를 줄이고자 했다.

초판에서 언급한 분들에게 다시 한번 감사 인사를 전하지 않을 수 없다. 그사이 세상을 떠난 분들도 있다. 기존 감사의 글에 담은 사람들의 이름에 더해, 이 개정판 작업 전반에 걸쳐 함께해준 예일대출판사 편집자 세라 밀러, 20여 년이 지나도록 누구보다 노련한 안목과 느낌을 본문에 걸맞게 녹여내게끔 도와준 교정·교열자 댄 히턴에게 감사 인사를 전한다.

이 책은 가르침에 관한 글이다. 그런 만큼 온전히 훌륭한 교사의 개인적 품성에 관한 내용을 담고 있다.

우리는 가르침을 일종의 예술이라고 믿기에, 실제로 가르치고 있는 예술가들의 중요성을 강조하고자 했다. 그렇다고 교수 과학을 완전히 무시했다는 말은 아니다. 모든 예술 세계가 그렇듯, 탁월한 교수 능력은 자기에게 주어진 선천적 재능을 갈고닦는 것에 더해 방법과 자원에 관심을 기울였을 때 얻을 수 있다.

이 글에서는 가르치는 사람이 활용하는 기술보다는 이들의 태생적이고 또 길러진 능력에 초점을 맞추고 있다. 왜냐하면 사람들은 가르치는 과정을 설명하는 데 너무 지나치다 싶을 만큼 열중하지만, 책임을 부여받은 사람들에게는 별로 관심이 없어 보였기 때문이다. 그러나 가르치는 사람을 가르침과 분리해서 볼 수는 없다. 가르침에 영향을 끼치는 인간적 요인은 매우 많고 다양해서 과학적 탐구의 범위를 넘어선다. 이 책에서 초점을 맞춘 주제는 직업으로서의 교직이 아니라 바로 가르침의 요소다.

우리는 가르치고 있는 사람들, 잘 가르치는 기술의 구성 요소가 무엇인지 고민하는 사람들, 잘 가르치는 법을 배우고 싶어 하는 사람들을 염두에 두었다. 특히 다음과 같은 독자들에게 더욱 도움이 될 것이다.

- 이미 경력이 오래된 교사 또는 이제 막 가르치기 시작하는 초임 교사 — 자기가 선택한 일을 통해 어떤 요구에 부응해야 하는지, 어떻게 하면 가르침으로써 만족을 느낄 수 있는지 알아야 하기 때문이다.
- 가르칠 때 자기 방식이 분명하고 교실 수업에 노련한 경험 많은 교사 — 이들은 자기 일과 노력이 빚어내는 가치나 영광을 다시 확인할 필요가 있다. 더욱이 자신의 오랜 습성을 재평가해보고 새로운 것에 도전해볼 수 있는 영감과 격려를 얻을 것이다.
- 학부모, 학생, 교육행정가, 학교운영위원, 그 밖에 교육 공무원을 비롯한 많은 사람들 — 이들은 개인적인 이유에서든 직업과 관련된 이유에서든 가르침을 평가하는 일에 참여하고 있기 때문이다.

• 학교 교사와 별반 다르지 않게 삶의 의미와 도덕적 문제
  에 진지한 관심을 기울이는 사람(학부모, 경찰관, 사무실 매니
  저, 상담가, 스포츠 팀 감독, 그 밖의 모든 직업 종사자들), 낯선 과
  업을 수행하면서 다른 이를 지도해야 하는 사람―사실
  이 범주에는 누구나 해당될 수 있다.

이 책은 우리의 개인적인 경험을 토대로 한다. 우리는 두 사
람이 서로 다른 환경 속에서 평생에 걸쳐 겪어온 교사로서의
삶을 압축적으로 표현하고자 했다. 이 경험은 런던시 남동부
빈민가 초등학교 교실에서 경험한 일부터 미국 아이비리그 대
학에서 이루어진 대학원 세미나 운영까지 아우른다. 그렇다고
이른바 감상적인 회고록은 아니다. 개인사라고 할 만한 자료
를 담고 있지도 않다. 대신 이 책은 길버트 하이에트Ghilbert Highet
가 자신의 저서《가르침의 기예Art of Teaching》를 "실천에서 얻은
제안으로 엮은 책"이라고 설명한 것과 비슷하다.

위의 책이 위대한 가르침을 구성하는 특질이 무엇인지 강조
하려 했다면, 우리는 이 책에서는 이러한 특질이 (좋거나 나쁜,
모범적이거나 우려스러운) 교사의 모습으로 어떻게 형상화하는지
보여줄 필요가 있다고 보았다. 이를테면 성격은 허구적이지만

상상만의 산물은 아니다. 우리는 교사에게 필요한 특성과 기술을 벌써 알고 있거나 경험해온 교사한테서 가져왔다. 우리는 가르침이 일종의 과정, 즉 교사가 지닌 미덕만큼이나 이들의 과오·결점·실수·변덕·공상·흠으로 가득 찬 과정이라는 점을 생생하게 전하려고 했다. 이 사실을 꼭 기억해주기 바란다. 우리가 그려내는 장점이나 단점을 모두 지닌 사람은 없다. 그러나 모든 교사에게는 이런 특성이 언제 어디서나 분명히 존재해왔으며 또 존재한다. 우리는 훌륭한 가르침의 요소라는 추상적인 특성에 아주 구체적인 사례가 더해져 생명이 깃들기를 바란다.

이 책이 담고 있는 아이디어 하나하나는 진지하게 가르치려는 모든 사람에게 가르침이 소명이자 내면에서 나오는 강한 충동이라는 신념, 가르침은 가장 고귀하고 무거운 책임감이 따르는 일의 하나라는 신념, 평생을 살면서 부모로, 노동자로, 친구로 적어도 한 번은 가르침을 감당해야 한다는 신념, 진심을 다해 가르치고 최선을 다해 헌신한 사람에게는 공동체가 보여줄 수 있는 모든 영광과 지지가 뒤따른다는 신념에 바탕을 둔다. 우리가 이해하려고 애써왔듯이, 이 책을 읽는 여러분 또한 어디에서나 어떻게든 훌륭한 가르침이 일어난다는 점을 이해할 수 있기를 바란다. 이 글은 모든 사람이 더욱 '즐겁게' 잘 가르칠 수 있는 방법을 '즐겁게' 배울 수 있도록 쓰였다.

초고를 읽고 비판적 성찰과 비평을 토대로 이 책이 좀 더 나아지는 데 공헌한 분들이 많다. 올리비아 P. 배너, 크리스틴 R. 비컴, 폴 L. 브래넌, 베티 M. 캐넌, 에드윈 드라트르, A. 그레이엄 다운, 리처드 에크먼, 바버라 C. 폴란스비, 앨런 프랭커, 데니스 그레이, 노먼 허슈펠드, 필리스 허슈카프, 마빈 허슈펠드, 권 J. 콜브, 브라이스 V. 램버트, 제이컵 뉴스너, 로저 로젠블랫, 로버트 A. 스콧, 아일린 셰에히, 제인 자섹. 모두 교사다. 마크 캐럴과 데이나 J. 프랫은 현명한 조언자로 책이 무사히 출간될 것이라며 위로를 아끼지 않았다. 예일대출판사의 댄 히턴의 출중한 편집 기술 덕분에 글이 생명력을 얻었다고 할 수 있다. 찰스 그렌치는 이 책의 작업을 따뜻한 격려와 함께 솜씨 좋게 지원해주었다. 이들이 우리에게 베푼 지원과 조언에 가슴 깊이 감사한다. 그러나 이들은 여전히 남아 있을지 모를 실수와 논쟁적인 사안에는 아무 책임이 없다.

# 차례

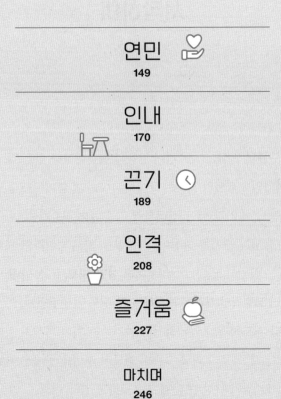

# 시작하며 ✏️

Introduction

대부분의 교사는 가르침이 일종의 예술이라는 점을 잊고 있다. 직업인으로서의 교사는 교육학과 교수법 분야에서 훈련받아오면서, 자기가 배운 심리학과 교수법을 적용하는 데 진지하다. 교사들 중에는 자신이 하는 일을 '가르침'이라고 표현하지 않는 사람도 있다. 이들은 대신 **설명, 지도, 논증, 안내** 또는 단순히 **모범적인 사례를 제시하는 것** 정도로 일컬을지 모른다. 그러나 지도하거나 안내하거나 알려주는 일이 자신의 소명이라고 할 때, 아무리 최고 수준의 전문적 훈련을 받아온 사람이라도 가르침의 가장 큰 문제에 부딪히게 된다. 어쩔 수 없이 즉흥적이고 임기응변으로 처방해야 한다는 점 말이다.

처음부터 모든 일을 제대로 처리하기란 어렵다. 수많은 반복과 소심한 대응, 간혹 화를 참지 못하거나 일반적인 절망을 거쳐야 비로소 교사의 배움이 비틀거리며 움직이기 시작한다. 그럴 때면 교사는 아픈 상처를 핥으며, 자기가 왜 학생을 가르치겠다고 마음먹었는지 의구심을 품을 것이다. 그러면서 자신의 예술적 행위를 점점 완벽하게 다듬어가게 된다.

교사는 경험이 많고 적음을 떠나 가르침을 결코 제대로 관리할 수 없을 것이다. 어떤 교사는 중요한 무엇을 누구에게도 가르치지 못할 수 있다. 잘 가르치는 편에 속하는 교사조차도 수업 계획 때문에 어쩔 수 없이 발생하는 문제라든지, 실제 수업에서 생기는 문제 탓에 당황하곤 한다. 학생을 수업에 몰두하게 만들거나, 가르침만큼이나 무거운 책임으로 짓누르는 정치 협상과 행정 업무 또한 감당하기 쉽지 않다. 결과적으로 우리는 가르침의 더 광범위한 요소에 꾸준한 관심을 기울이지 못한다. 교사다움에 관해 생각할 여유조차 없다.

아마도 교직을 소명이라고 하면서도 자기가 가르칠 교과 지식을 배운다거나 잘 가르치기 위한 교수법을 배우는 정도로 여기기 때문이 아닐까. 그런 생각이 잘못되었다는 말은 아니다. 그러나 교사가 이런 식으로만 양성된다면 우리가 하는 일의 핵심이라고 할 수 있는 품성과 마음에 관해서는 성찰해볼 기회가 거의 없을 것이다.

　사람들은 가르침을 통해서 삶의 의미를 이해할 지식과 살아가는 데 필요한 기질을 온전히 배운다. 저마다 지닌 이런 특성들이 우리가 하는 일, 즉 가르침의 핵심을 구성한다. 우리가 인간적 품성과 영적 기운을 담아 가르칠 때, 활력 없는 지식에 생명력을 불어넣을 수 있다. 이로써 교사는 학생들에게 영향을 끼치게 된다. 아니, 꼭 영향을 끼쳐야만 한다. 물론 이런 특성은 어떤 교과목을 가르치느냐에 따라, 우리가 어떤 기술을 활용하느냐에 따라 달라질 것이다.

　그러나 교과와 기술이 우리 내면의 특성과 전혀 별개의 것이라고 생각하지는 않는다. 어떤 수업을 어떻게 하는가의 문제도 우리의 특성과 구별되지 않는다. 그런 지식과 교수법은 우리가 다른 사람을 가르치는 교사로 훈련받을 때 일반적으로 전달되는 것으로, 내면의 특성을 구성하는 데 본질적인 영향을 끼치지 않는다.

　가르침의 기본 요소는 우리 안에 벌써 내재하는 속성이다. 비록 그 속성이 존재하는지 미처 깨닫지 못하거나 제대로 발달시키지 못했더라도 말이다. 이 요소들은 우리를 인간답게 하는 재료다. 어떤 내용과 방법이 동원되는지는 부차적인 문제일 뿐이다. 우리는 기본 요소를 끄집어내고, 무엇인지 확인하고, 계발하고, 실생활에 적용해야 한다. 우리가 가르치는 교과 지식이나 교수이론과는 별 상관없는 인격적 속성을 우리 내면에서 불러내야 한다는 것을 딱히 인식하지 않아도, 우리는 교과 지식을 알고 또 가르치기 위한 교수법을 완벽하게 터득할 수 있다. 이 점이 학생들에게 차이를 보여주는 직업적 기예라고 할 수 있다. 우리는 이런 가르침의 속성을 배우지 않는다. 단지 이런 속성을 이해하고 불러내서는 다른 이들의 이익을 위해 사용한다.

이때 전문적 교수법과 기술적 지식은 근본적으로 중요하다. 그러나 가르침은 궁극적으로 창의적인 활동이다. 가르침은 마음과 정신이 즉각적이고 즉흥적으로 작용해 교육과 경험으로 훈련된 기존 지식에 신선한 공기를 불어넣는 역할을 한다. 정해진 방법에 따라 실행하면 예측 가능하고 똑같은 결과를 얻게 하는 기술과 달리, 가르침은 매 순간 극도의 놀라움과 형언할 수 없는 즐거움을 안겨준다.

그렇다면 과연 어떤 방법이 우리가 알거나 배울 수 있는 가르침에 제공될 수 있을까? 반드시 상상해내야 하는 우리 자아를 어떤 기예가 채워주고, 이를 실현해낼 수 있을까?

우리에게 있는 재료만으로는 가르침의 결과를 예측할 수 없다고 할 때, 그것이 무엇인지 따져보고 이해하기 위해 요소들을 하나하나 떼어내 살펴볼 수 있다. 아마 다른 어떤 예술적 행위에 대해서도 이렇게 할 수 있을 것이다. 시각예술에서 그림의 재질·도구·색깔·화풍·화법 등이 특정한 요소이듯, 배움·권위·윤리·질서·상상력·연민·인내·끈기·인격·즐거움 등은 가르침을 구성하는 요소들이다.

모든 예술가가 자기만의 독창적인 작품을 만들어내기 위해 작품을 구성하는 각 요소의 온갖 특성을 배우고, 알아내고, 선택하고 끌어들여 사용하듯, 교사 한 명 한 명도 자기만의 예술을 구성하는 요소를 활용하여 저마다 독특하고 남다른 방식으로 가르친다. 이런 이유에서 가르침은 모두가 합의할 수 있는 엄격한 개념으로 정의하기 어렵다. 우리는 단지 정말 훌륭한 가르침을 접하고 나서야 그것이 훌륭한 가르침이라고 깨닫게 된다. 도대체 무엇이 그 가르침을 그리 훌륭하게 만드는지 정확한 단어로 설명하기는 힘들다.

우리는 보통 훌륭한 예술가는 자기가 무엇을 하며 사용하는 재료가 목표한 효과를 어떻게 내는지 알고 있다고 여긴다. 어쩌면 훌륭한 예술가는 이전에 한 번도 보거나 들은 적 없는 것을 만들어내기 위해 자기 안의 '어떤' 속성을 불러내는 게 아닐까. 이와 비슷하게 모든 교사들도 학생들이 지식을 습득하게끔 애쓰면서 온전한 자신의 모습과 자기가 아는 것을 끄집어내는지도 모른다.

가르침은 필요한 요소들이 구별될 수 있다는 점, 훌륭한 결과가 반복될 수 있다는 점, 훌륭한 가르침을 발견해낼 수 있다는 점 등 여러 측면에서 과학과 비슷한 속성을 공유한다. 그렇지만 본질적으로 가르침은 풍부한 상상력의 종합이다. 체계적으로 조직된 요소가 거의 없는 가운데 뭔가 새롭게 만들어진 것이 가르침이다. 누구를 가르치는 일, 특히 어린 학생들을 가르치는 일이 목표라면 학생들의 품성뿐 아니라 인격과 영혼을 충만하게 만들고 확장해주어야 한다. 가르침은 다른 모든 예술과 마찬가지로 신념에 따른 행동으로 만들어진다. 즉 가르침은 다른 이의 지식을 확장해주려는 노력을 어떻게든 그들에게 전하겠다는 희망찬 시도로 만들어진다.

교사는 예술가와 다르다. 교사가 예술가로 초대받는 일은 거의 없다는 점에서 그렇다. 그러나 가르치는 사람으로서 교사는 자기가 어떤 사람이고 또 무엇을 하고 있는지 생각하며 소명을 따른다. 안타깝게도 모든 교사가 답을 찾아내는 것 같지는 않다. 대부분의 교사는 직업 준비 과정과 이후에 계속되는 교육 활동 속에서 매일 자기가 하는 일의 구성 요소가 무엇인지, 즉 자신의 예술을 구성하는 재료에 어떤 것이 있는지 제대로 고민하지 않는다. 게다가 모든 학교에서 교사는 다른 동료 교사와 함께 이 문제를 놓고 진지하게 토론하는 데 거의 시간을 쓰지 않는다.

이는 교사들에게 정말 큰 손해다. 더 심각한 문제는 그들이 가르치는 학생들에게도 마찬가지라는 점이다. 만약 교사가 학생의 복리를 위임받은 사람이라면, 교사는 자기가 왜 가르치는지, 어떻게 가르치는 것이 좋은지, 또 무엇을 가르쳐야 하는지도 고민해야 한다. 교사는 자신이 모범으로 보여주는 행위가 무엇인지, 자신이 구현하고 있는 삶의 기질과 인격적 속성이 무엇인지 알아야 한다. 적어도 교사가 학생들에게 지식을 전하려고 노력한다면 말이다.

교사가 뿜어내는 삶의 기질과 인격적 속성은 장소를 불문하고 가르침을 구성한다. 교실 안에서 가르침에 적용되는 것은 교실 바깥의 넓은 세상에도, 누구에게 어떤 것을 가르치려는 경우에도 똑같이 적용된다. 그렇지만 학교 교실은 분명 가르침이 한결같이 지속되는 공간이다. 많은 교사가 가르침을 먹

고사는 데 필요한 직업으로 삼는다. 교사가 자기의 직업적 지위에 만족하고 대체로 자기보다 어리거나 나약한 자들의 복리를 지키는 곳도 교실이다. 훌륭한 가르침의 요소는 그 어떤 곳보다 교실에서 가장 집중되어 나타나며, 그 결과가 가장 잘 드러나는 곳 또한 교실이다.

모든 교사에게 적용될 만한 바람직한 인격과 품성의 목록이 마치 성서의 십계명처럼 존재하지는 않는다. 속성을 세거나 손에 쥘 수도 없다. 그러나 가르침에 더 중요하게 작용하는 인간의 속성이 있다. 배움도, 상상력도, 열정도 없고 정말 제대로 가르치지 못하는 교사는 신앙 없는 성직자 또는 앞을 볼 수 없는 조각가보다 못난 존재다. 더욱이 가르침의 핵심은 단순히 가르치는 기술의 구성 요소로만 존재하지 않는다.

교사는 질서, 인내, 인격처럼 자기가 체화하는 것을 고스란히 다른 이들에게 전달할 수 있다. 교사는 윤리적이다. 교사는 교육을 위임받은 사람으로서 윤리적인 역할을 요구받기도 하지만, 학생들이 윤리적으로 성장할 수 있는 방법을 가르쳐야 하기 때문에 윤리적이어야 한다. 교사는 교실을 즐겁게 만들어야 한다. 그래야 학습이 증진되며, 학생들이 지식을 배우고 활용하는 즐거움을 알 수 있다.

가르침의 주요소는 지식뿐 아니라 바람직한 인간의 특질을 학생에게 전달하는 것이다. 교사는 자신의 표현을 통해서 인간의 많은 긍정적 특질을 다른 사람에게 전해야 할 책임이 있다. 그런 까닭에 가르치는 일은 아무 신념이 없고 소심한 사람들에게는 어울리지 않는다. 또한 가르침이 단지 지식을 전달하는 일이라고 여기는 사람에게도 적절하지 않다.

가르침은 교사가 학생에게 보여주어야 하는 효능감으로 둘러싸인 충만한 자아를 요구한다. 이토록 폭넓은 기질을 요구하는 소명이 또 있을까. 배움도 힘들지만 가르침은 이보다 더 큰 노력이 필요하다. 가르침에는 도덕적이고 인간적인 책임이 더 크게 실려 있기 때문이다.

학생이자 교사로서 무수히 경험해온 일을 통해 알 수 있듯, 교사는 날마다 무지를 넘어서는 놀라운 승리를 쟁취한다. 도대체 어떻게 가능할까? 그 이유 가운데 하나는 교사의 타고난 미덕 덕분이다. 교사는 거듭되는 실천을 통해 더 많은 일을 가능하게 만든다. 어떤 교사도 훌륭한 교사가 갖춰야 할 충분한 자질을 지니고 교단에 서지는 못한다. 이러한 기질은 경험과 지식을 토대로 성장하고 원숙해진다. 또 수업에 대한 요구와 책임감으로 절망을 경험하면서 스스로 마주하는 순간순간의 문제에 통달하게 된다. 그러면서 차츰 진정한 교사로 변모해 간다.

후반부에서는 가르침에 왜 그토록 엄중한 도덕적 책임감이 필요한지 강조할 것이다. 동시에 가르침이 왜 그토록 신나는 일인지, 잘 가르치는 일이 얼마나 큰 성취인지도 보여줄 것이다.

# 배움

## Learning

모든 가르침은 지식을 전달하는 일이다. 마치 올림픽 경기를 시작하기 전에 성화를 옮기는 것처럼 말이다. 그 과정에서 불꽃이 꺼지면 안 되듯, 교사가 학생에게 지식을 전달할 때 지식의 불꽃은 살아 있어야 한다. 불꽃이 꺼져 있다면 제아무리 똑똑한 학생이라도 성화봉의 불을 다시 살려내기 어렵다. 최종 목적지인 온전한 이해에 도달하지 못할 것이다.

교사라면 당연히 지식을 갖추고 있어야 한다. 교사는 지식을 매개로 학생들과 소통한다. 또 가르치기 위해 자기가 가르칠 내용을 알아야 하고 어떻게 가르칠지도 알고 있을 것이다. 더욱 효과적으로 가르치려면 교사는 지식을 깊이 깨닫고 있어야 한다. 단지 학습 방법을 아는 것보다 더 많은 지식이 필요하다. 물론 어떻게 배우는지 아는 일은 중요하다. 그러나 무엇보다 교사에게는 배움이 있어야 한다. 지나치게 많은 것을 요구하는 환경에서 가르치려면 교사는 가능한 한 교과 지식에 통달해야 하니 말이다.

그렇다면 **배움**이란 무엇인가? 일반적으로 다음의 세 가지 가운데 하나를 뜻하지만, 어쩌면 전부를 의미할 수도 있다. 첫째, 지식을 얻는 행위. '무언가를 배운다'는 뜻이다. 둘째, 이 행위를 통해서 얻는 지식. '알게 된 것'을 의미한다. 셋째, 지식을 얻는 과정. '어떻게 알게 되는지를 배운다'는 뜻이다. 훌륭한 가르침을 위해 이 세 요소는 없어서는 안 된다.

교사의 배움은, 우리가 흔히 오해하듯 교사가 되기 전까지 채워 넣어야 하는 어떤 것이 아니다. 교사의 배움은 평생에 걸쳐 꾸준히 이어지고 닦아나가야만 하는 것이다. 참된 교사라면 더 많은 것을 알고자 애써야 한다. 정말이지 사투를 벌이듯 배우려고 해야 한다. 참된 교사라면 자기가 가르칠 교과목에 관해 이미 알려진 지식과 정보를 섭렵하려고 노력해야 한다.

매 순간, 매일 그리고 매년 정말 힘들고 지칠 수밖에 없는 가르침을 이어나가게끔 교과 내용을 새롭고 흥미롭게 만들어야 한다. 자신의 가르치는 능력을 확장해야 할 필요가 있다.

물론 이런 필요는 지식 본연의 특성과 관련되어 있다. 지식을 대체로 정적인 것이라 여기는 경향이 있지만, 지식은 늘 변화하고 성장한다. 오늘 알고 있는 지식이 이튿날의 지식과 결코 동일하지 않다. 따라서 교사는 지식을 얻고 통달하기 위해 지식과 쉼 없이 사투를 벌여야 한다. 교사의 사투는 자기의 앎과 그 표현 방법을 만들고 다시 만들어내는 과정의 연속이다. 사실 이 과정은 지난하기 짝이 없다. 난해함, 불완전성, 모호함이 지식의 속성이기 때문이다. 이는《아가멤논Agamemnon》에서 아이스킬로스Aeschylus•가 배움은 곧 고통이라고 했던 말을 떠올리게 한다.

그런데 많은 사람이 오해하는 말이 있다. 교사, 특히 대학 이전의 학교에서 가르치는 교사는 배움 없이도 될 수 있다는 말. 사람들은 교사가 월급을 받기 위한 자격을 얻으려고 최소한의 지식만 배우면 교실에 들어설 수 있다고 여긴다. 예컨대, 어떤 교사는 미식축구 감독 일을 진짜 좋아하지만 그것만으로는 먹

• 기원전 525~기원전 456. 고대 그리스의 3대 비극 시인 가운데 한 사람.

고살 수 없기 때문에 교직에 필요한 최소한의 과정을 거쳐 교사가 된다고 생각한다. 그러나 교실에 들어선 감독 교사나 전혀 준비가 되지 않은 교사를 향해 던지는 조롱의 말을 들어본 적 없는가.

학생들은 교사가 그저 월급이나 받으려고 일하는 사람인지 아니면 소명을 지니고 잘 준비된 사람인지 누구보다 잘 안다. 의욕이 충만한 학생이라면 어떤 교사가 자기 과목에 정통한지, 교과 지식을 갈망하는 마음이 있는지 여부를 금세 알아차린다. 배움에 목마른 학생들은 권위를 상실한 교사를 구분해낸다. 학생은 교사가 담당 교과를 제대로 알지 못하면 자신이 제대로 배우지 못하게 되고, 결국은 자신의 복리에 위협이 된다고 여긴다. 학생들의 이런 태도는 옳다. 학생으로서 누려야 할 복리가 교사의 지식수준과 자신의 배움에 대한 의지에 달려 있으니 말이다.

진정한 교사는 반드시 지식에 통달해야 한다고 말할 때, 우리는 지식과 정보를 구별해야 한다. 둘 사이를 제대로 구별하지 않으면 정말 많은 혼란이 야기된다. 정보와 지식의 관계는 소리와 음악의 관계와 같다. 바로 아무런 체계가 없는 물질이 구조화한 결과로 바뀌는 관계다. 우리는 신문이나 상점에 진열된 물품의 가격표에서 정보를 찾는다. 교사의 일은 정보를 전달하는 것이 아니다. 교사는 지식을 전달하도록 요청받은 사람이다. 사실로 밝혀진 것, 연구 결과, 설명, 가설, 이론 등 정확하고, 중요하고, 아름답고, 쓸 만하거나 능력이 있다고 증명되어 수용된 집합체로서의 지식 말이다.

지식을 얻으려는 쉼 없는 노력은 아마도 교사의 일 가운데 가장 힘겹고 끝이 없는 일일 것이다. 교과 지식을 깊고 자세히 아는 일은 우리 능력을 넘어설지도 모른다. 그러나 교사는 지식에 정통해야 한다. 지적 생동감이 꾸준히 이어지려면 스스로에게 정말 힘든 노동을 시켜야 한다. 그렇지만 이 노동은 스스로를 자유롭게 하는 노동이다. 자기를 옭아매기보다는 모든 만족감과 해방으로 보상하는 노동 말이다.

어느 누구도 지식을 온전히 통달하는 일이 쉽다고 이야기하지 못하리라. 이 일은 지독히 어려우며, 다른 일을 병행하지 못할 정도로 헌신·집중·훈련·노력이 요구된다. 지식이란 언제나 진행형이므로 완결된 지식이란 없다. 따라서 교사는 지식이 늘 과정을 추구하게끔 애써야 한다.

다른 사람을 가르칠 만큼 그 지식에 온전히 통달하는 일은 정말 외로운 과업이다. 뭔가 배우고 있는 사람은 대체로 타인과 침묵의 대화를 나눈다. 작가라든지 과학자, 예술가 등 아마 대부분 세상을 떠난 사람들일 텐데, 우리는 이들이 책에 남겨 둔 말, 만들어낸 상징 또는 빚어낸 예술품 등을 통해 대화한다. 배움은 곧잘 아무런 보상이나 외부 유인 없이 전진한다. 상여금이나 승진이라는 보상이 없어도 일어난다. 지식을 얻는 것은 사적이고 개인적이며 고독한 일이다. 그렇다면 지식은 어떻게 계속 이어질까? 왜 그렇게 되어야 할까?

노련하고 헌신적인 교사는 배움과 교과를 향한 극진한 애정을 바탕으로 지식을 얻는다. 이 애정이 어디에서 왔는지는 알수 없다. 그래서 신비롭다. 어쩌면 아이들이 보는 책에서 우연히 만났거나, 학부모의 칭찬 또는 동료 교사의 소중한 격려로 일깨워졌는지도 모른다. 아니면 미래의 교사가 될 것이라며 언젠가 영원히 아로새겨진 아주 특별한 무엇 덕분일 수도 있다. 대부분의 헌신적인 교사는 일찍부터 아주 특별한 호기심에 '이끌려'왔다. 너무 매혹적이고 신비로운 호기심이라 교사를 꼭 붙들고 놓아주지 않는다.

이와 비슷하게 최고의 교사는 자기가 가르치는 학생들을 호기심으로 "붙잡아 이끌도록" 늘 애써야 한다. 수업의 훌륭함은 더 말할 필요도 없고, 지식은 멈추지 않고 더 배우려는 갈망,

더 알고 더 이해하고 싶다는 채울 수 없는 열망에 따라 지속된다. 따라서 지식은 학생의 자기기만에 교사가 얼마만큼 개방적인 태도를 취하느냐에 따라 강화한다. 왜냐하면 학생들은 이 능력을 통해 자신의 학습에 참여할 뿐 아니라 흥분과 호기심 가득한 마음으로 교사를 끌어들이기 때문이다.

교사는 아무에게도 의지하지 않고 자기 힘으로 생각하는 사람이어야 한다. 어쩌다 가르칠 줄 아는 기술이 생겨 교사가 되면 안 된다. 교사의 마음은 끊임없이 채워지고 영양이 공급되어야 한다. 교사는 지식을 얻고 독립적으로 사용할 수 있는 능력을 갖추어야 한다. 다른 이들도 그렇게 할 수 있게 이끌어야 한다. 진정한 교사는 다른 사람의 사고를 자유롭게 만들어줘야 한다.

그렇다면 교사가 배움을 갖추었다는 말은 무슨 뜻일까?

**배움은 교과 지식을 잘 알고 통달하는 것을 뜻한다.** 갑자기 새로운 교실에 들어가 학생들에게 낯설고 새로운 과목을 가르쳐야 한다면 많은 이들은 자기 능력을 넘어서는 불가능한 일이라고 여길 것이다. 그러나 교사는 가르칠 교과 내용에 충분히 정통해야 한다. 고작 지식을 전달만 하거나 학생보다 조금 더 아는 정도로는 안 된다. 교사는 독립적으로 생각할 수 있을 만큼의 지식을 갖추고, 자신 있게 활용하거나 의견을 피력하고, 특정한 맥락에 비추어 지식에 담긴 중요성과 함의를 도출해낼 수 있어야 한다. 교사는 가르치는 사람인 동시에 훌륭한 사상가여야 한다. 그래야 전문가 그룹의 훈련에 참여하게 된다. 이들은 지식의 수호자로, 지식의 공헌자로, 합의된 지식의 증명서를 지닌 전문가 조합을 스스로 구성한다.

**배움은 배우는 행위를 몸으로 표현한다.** 지식을 탐구하는 것은 여러 측면에서 전파되기 쉽다. 다른 사람에게 전달할 수 있을 뿐 아니라 다른 사람을 사로잡을 수도 있다. 교사가 학생을 가르칠 때 최선의 방법은 배우는 행위를 몸으로 직접 보여주는 것이리라. 이는 (에밀리 디킨슨Emily Dickinson이 선반의 일족these kinsmen of the shelf이라고 일컬은) 수많은 논문과 책에서도 볼 수 있다. 도서관을 향해 걸음을 재촉하고, 문제 해결책을 발견했을 때 감탄하고, 교사가 전혀 접하지 못한 학생의 그럴듯한 해석에 더없는 기쁨을 표현하는 행위 말이다.

학생에게 배우는 법을 보여줄 때, 교사는 가르치는 순간 자기 교과목에 **온 마음이 사로잡혀 있어야** 한다. 학생에게 배우려는 열망이란 얻으려는 지식만큼이나 억누를 수 없는 것이어야 하기 때문이다. 학생을 사로잡는 핵심은 교과 수업을 향한 학생의 호기심만큼이나 배움 자체를 향한 전염성 강한 교사의 열정이다.

경력이 쌓인 교사는 자기가 가르치는 학습 자료에 오랫동안 익숙해졌다. 따라서 더는 배우지 않아도 된다고 생각할지 모른다. 굳이 그럴 이유가 없다고 여길 테니까 말이다. 이런 판단은 엄청난 실수다. 왜냐하면 전부 다 아는 것처럼 보이는 교사와 아무것도 모른다고 생각하는 학생(물론 틀린 말이다) 사이에 절대 좁혀질 수 없는 거리가 존재함을 암시할 위험이 있기 때문이다.

교사에게 배움을 멈춘다는 것은 무지와 지식, 절망과 희망 사이의 간격을 좁히기 위해 교사가 사용해야 하는 가장 중요한 수단을 없애버리는 일이다. 게다가 교사의 그런 행동은 학생들 눈에 교사가 자신의 교과목에 싫증을 내는 모습으로 비칠 수 있다. 싫증도 모든 면에서 열정만큼이나 전염성이 강하다.

**배움은 가르치는 교과 지식의 변화를 민감하게 좇으라고 요구한다.** 이 또한 교사의 가장 어려운 과업이 아닐 수 없다. 배움은 아주 평범한, 그러나 힘이 쭉 빠지는 하루 일을 마무리한 뒤에 시작해야 하기 때문이다. 분명한 것은 이 일을 꼭 해야 한다는 점이다. 교사가 자기가 가르치는 교과목의 추세를 제대로 따라잡지 못한다면 학생들은 오죽하겠는가. 말할 필요도 없이 다른 학생들과의 경쟁에서 앞서기 위한 준비가 지지부진할 수밖에 없다.

혼자 고독하게 책을 읽는다거나 조용히 공부한다고 해서 지식의 최신 동향에 정통해지지는 않는다. 이 목표는 함께 공부하는 동료들, 연이은 전문 교육기관의 공식 프로그램 또는 그 분야에 정통한 학자와 전문가의 학술 모임에 참여함으로써 이룰 수 있다. 중요한 점은 지식과 나란히 머무르게 하는 수단이 아니라, 실제 지식을 좇아 연구하는 것이다.


**배움은 다른 사람에게 영혼과 배움을 향한 열정을 전한다.** 모든 교사는 사실상 자기 교과목을 위해 파견된 선교사다. 교사는 자기가 가르치는 교과 내용에 열정적으로 마음을 써야 한다. 교사는 배움이 얼마나 가슴 설레는 일인지 학생에게 보여줄 수 있어야 한다. 이 점은 교사가 지식을 제대로 갖추고 있어야 하는 또 다른 이유다. 적어도 지식을 쌓고 싶다는 간절한 소망을 겉으로 드러낼 수 있어야 한다. 이때 지식을 향한 교사의 열정은 토론에 참여하고 사실을 찾아 헤매고 기술을 갈고닦는가 하면, 새로운 주제를 탐색하고 새 책을 읽으면서 오롯이 즐거워하는 열정적인 모습과 품행으로 보여줄 수 있다.

물론 지식을 전달하려는 교사의 노력은 위기에 부딪히기도 한다. 가장 큰 문제는 학생들이 대체로 배우고 싶어 하지 않는다는 점이다. 학생들은 정해진 내용을 그 시기에 배워야 하는 교육과정을 따르기 싫어한다. 요한 스코투스 에리게나John Scotus Erigena의 이야기가 아주 적절한 예다. 요한은 프랑스 북부 지역에 위치한 신성로마제국 황제Holy Roman Emperor의 궁정에 고용된 아일랜드계 교사이자 철학자였다. 이 가엾은 철학자는 한 무리의 학생들에게 살해당했는데, 학생들은 펜으로 선생을 마구 찔러 죽였다. 전해지는 바에 따르면 이 교사는 학생들에게 억지로 생각하라고 강요했다고 한다.

이 이야기에서 얻을 수 있는 도덕적 함의가 있다. 이른바 10대 아이들의 관심을 끌어당기는 배움이 있다고 하지만, 모든 교과목이 학생들을 사로잡을 만큼 매혹적이지는 않다는 점이다. 현대 문화는 청소년들이 차를 운전하는 이점이 무엇인지 잘 설명해준다. 그런데 작동해야 하는 대상이 자동차가 아니라 외국어나 자연과학이라면 교사는 학생들의 관심을 돌려놓기 위해 할 일이 많아진다. 학생들이 아직 잘 알지 못하는 교과목을 공부하는 것이 어떻게 그리고 왜 흥분과 만족감을 일으키고 또 유용한지 가장 잘 알려줄 수 있는 이가 교사다. 그렇게 하려면 교사는 자기 교과목에 완전히 통달해 있어야 한다. 그리고 책임감을 안고서, 배우지 않겠다며 저항하고 버티는 학생들에게 교과 지식을 전달하는 최선의 방법을 찾겠다고 각오를 다져야 한다.

**배움은 타인, 특히 자기가 가르치는 학생의 지식에 개방적임을 뜻한다.** 교사는 자신이 관련 분야의 권위 있는 전문가에게 배워야 한다고 여기지만, 그 권위 있는 전문가 중에 자신이 가르치는 학생이 있을 수 있다고는 생각하지 않는다. 교사가 담당하는 교과를 교사보다 더 사랑하는 학생이 있을 수 있고, 교사보다 지식이 더 많은 학생이 있을 수도 있다. 특정한 기술이나 지적 능력에서 교사를 압도하는 학생이 있을 수도 있다.

결국 모든 교사는 교과 지식을 토대로 학생들이 자신의 지식수준을 넘어설 수 있게 자극하는 꿈을 꾸지 않는가. 따라서 교사는 학생에게 지식을 탐구하는 일은 협력이 필요한 집합적

활동이라는 점, 다시 말해 다 함께 추구하는 공동의 목표라는 점을 알려주어야 한다. 물론 공부는 혼자 조용히 집중해야 하는 때가 많긴 하지만 말이다.

학생의 앎은 경솔하게 넘겨버리면서도 학생의 무지는 콕 집어 찾아내는 것은 가르침에서 몹시 위험한 일이다. 교사는 학생들 각자가 성취한 정도를 다른 친구들과 나누게끔 꾸준히 격려해야 한다. 긴장과 평가가 없는 조건에서 학생이 교사의 격려에 따라 자신의 앎을 내보일 수 있는 환경을 조성할 필요가 있다. 이때 교사는 학생들이 모르는 것보다 아는 것에 집중하게 도울 수 있다.


**배움은 독립적인 사고의 기초를 쌓게끔 돕는다.** 특정 분야의 지식을 쌓는 데 적극 참여하는 일은 매우 중요하다. 이때, 교사는 그 분야에 대해 독립적으로 자신감 있게 사고할 수 있을 만큼 충분한 지식을 갖추면 이런 참여가 나타난다고 깨닫게 된다. 스스로를 교사이자 사상가(더 큰 배움의 공동체를 구성하며 지식을 둘러싼 지적 논쟁에 참여할 만큼 유능한 사람)로 여기게 되는 것은 교사의 직업적 삶에서 가장 어려운 전환의 과정이라고 할 수 있다.

실제로 그렇게 전환한다면 새로운 세계가 열리고, 새로운 권위를 지닌 새로운 교사로 거듭난다. 그렇게 되면 교사는 학생에게 무엇이 최선인지, 학생이 무엇을 알아야 하는지 독립적으로 결정한다. 이 단계에 다다른 교사는 배움이 그 자체로 목적이며, 모든 것이 교실 수업에 관련될 필요는 없다는 점을 깨닫는다. 또 생각은 끝없는 세계이고 특정한 성과를 알 수 없는 세계라는 점도 알게 된다.

**배움은 배우는 행위의 정당성을 알게 해준다.** 교사가 지식의 내재적 가치에 대해 보이는 자신감은 모든 수업의 기본이다. 교사는 뿌리 깊은 믿음으로 지식을 삶과 모든 사람의 경험에 연결한다. 학생들이 "선생님, 이거 왜 배워야 해요?" "이거 배워서 뭐 해요?"라며 던지는 전형적인 질문에 교사는 깊게 생각할 필요 없는 기계적인 대답을 할 수 있으리라. "교육청에서 가르치라고 하니까" 또는 "졸업시험에서 좀 더 좋은 성적을 거두기 위해서야"라고 말이다.

그러나 배움이 깊은 교사라면 신념과 권위를 실어 다음과 같이 더 적절하게 대답할 것이다. "지식을 배우는 일은 어렵기 때문이야. 공부가 너를 더는 혼란스럽게 하지 않으면 네가 개선장군 같은 기분이 들 테니까. 공부한 것으로 뭔가 할 수 있다는 사실을 알면 배움이 즐거울 거야. 공부를 하면서 삶의 새로운 관점, 새로운 사고방식을 발견할 수 있을 거야. 지식을 쌓으면 무지할 때보다 훨씬 더 활기가 넘칠 거야."

우리 기억 속에 가장 생생하게 남아 있는 교사는 자기 교과에 정통하고, 누구보다 열심히 사랑을 담아 그 교과를 가르친 분들이었다. 그런 교사는 자기 지식에 자부심이 있더라도 교조적이지 않다. 우리 앞에서 이해의 깊이를 더하기 위해 분투하는 모습을 보여주고 뭔가 새로운 것을 알게 되면 주체할 수 없을 만큼 기뻐한다. 여전히 분명한 이해에 도달하지 않았거나 잘못된 결론에 이를 때는 당황한다.

우리는 그 교사가 실험실 의자에 둘러앉아 시험관에 나타난 실험 결과에 함께 탄성을 지르던 모습을 기억한다. 도서관에서 책의 비평에 강한 유감을 나타내거나 미술관을 함께 거닐면서 전시작의 의미를 새롭게 발견하는 모습도 기억한다. 교사는 학생들 앞에서 평소 접하기 어려운 배움의 행위를 정직한 태도로 보여주었다. 이것이야말로 학생이 교사에게서 얻을 수 있는 열정과 활기의 표본이 아닐까. 학생이 배움의 절박한 요구에 진심을 다해 닿는 길은 이것밖에 없다. 그제야 학생은 배움을 향한 갈증을 느낀다.

— ✦ —

펠리시어 곤살레스Felicia Gonzalez는 두 아이를 침대에 눕히고는 저마다 좋아하는 이야기를 들려주었다. 잘 자라는 인사와 함께 뽀뽀를 건네고 부엌으로 돌아갔다. 남편은 직장 일로 멀리 떨어져 있기 때문에, 저녁을 먹고 설거지하거나 아이들 장난감 정리를 혼자 해야 했다. 벌써 밤 9시가 되었다. 아침 6시에는 일어나야 한다. 아이들을 학교에 오전 7시 반까지는 데려다주어야 한다. 첫 수업이 아침 8시 반이다. 다행히 오늘은 채점해야 하는 시험지가 없다. 내일 가르칠 내용을 죽 훑어보았다. 벌써 몇 번에 걸쳐 같은 과목을 가르쳐왔으니 예전의 수업 준비 노트를 살펴보면 충분했다. 잠자리에 들려고 누웠다.

그러나 펠리시어 곤살레스는 종교 활동의 자유를 규정한 헌법˙ 관련 새 책을 아직 펼쳐보지 못했다. 다음 날 11학년이 수

● 미국 헌법 수정 제1조는 '[연방] 의회는 국교를 정하거나 또는 자유로운 신앙 행위를 금지하는 법률을 제정할 수 없다'고 규정하고 있는데, 이는 국교 수립을 헌법으로 부정하

강하는 역사 AP반에서 헌법 1차 개정에 관해 가르칠 예정인데도 말이다. 펠리시어 곤살레스는 새 책을 조금이라도 읽어야겠다고 생각했다. 실제로 책을 조금은 읽었다. 물론 만족할 만큼은 아니었다. 그럼에도 저자의 주장을 파악하고, 헌법 개정을 통해 초기 의회의 입안자들이 갖추려 했던 종교의 자유를 허용하는 세속 국가의 의미를 재정리할 수 있었다. 밤 11시가 되어서야 침실의 등을 껐다.

이튿날 한 학생이 손을 들고 보충 설명을 요청했다. 이 주제가 등장하면 주로 제기되는 질문인, 의회와 언론의 권리를 제한해서는 안 된다는 문구에 관한 내용이 아니라 종교 성립의 의미에 관한 것이었다. 전날 밤에 새 책을 두 시간 동안 뒤적인 것은 별로 도움이 되지 않았다. 펠리시어 곤살레스는 종교가 성립된 의미는 충분히 알고 있었지만, 왜 만들어지게 됐는지 역사적 맥락을 자신 있게 설명할 수 없었다. 17세기 식민지에서 영국 성공회의 관점, 다수의 종교가 성립된 사실 등……. 한 학생이 "단일한 체제에서 어떻게 그토록 많은 종교가 만들어

는 동시에 종교의 자유를 보장하는 조항이다(김민배, 〈종교조항과 위헌심사의 기준〉, 《헌법논총》 제25호, 2014, 129~203쪽). 이 조항은 언론의 자유, 출판의 자유, 집회의 자유, 정부에 대한 탄원의 자유를 금지하는 그 어떤 법조항도 만들 수 없게 하는 권리 장전의 10개 개정안 중 하나로, 1791년 12월 15일 채택되었다.

질 수 있었나요?"라고 도전적인 질문을 이어갔다. "만약 그랬다면 초기 의회의 입안자들은 뭘 두려워했던 거죠?" 그날 펠리시어 곤살레스는 자기 모습에 실망한 채 학교를 나섰다.

펠리시어 곤살레스는 자기가 얼마나 당황스러웠는지 인정하지 않을 수 없었다. 그러고는 자기가 느낀 절망감을 공동의 노력으로 바꾸자고 마음먹었다. 교사와 학생이 함께 공부해서 학생뿐 아니라 펠리시어 곤살레스 자신도 답을 찾고 싶었다.

먼저 과제가 담긴 질문지를 만들었다. 질문지에는 초기 미국의 각 주를 담당할 학생 역사가를 지정하게 했다. 거기다 미국 헌법 가운데 권리장전The Bill of Rights에 학생 세 명을, 영국 성공회에 한 명을 각각 지정하고 자기는 제임스 매디슨James Madison을 맡아 공부하기로 했다. 다음 달 내내 펠리시어 곤살레스는 학교와 도서관에서 학생들이 조직한 공부 모임에 자주 참석하고 매디슨의 〈종교 사정에 대한 기억과 항변Memorial and Remonstrance〉•을 공부했다. 그리고 매디슨이 '버지니아 종교 자

---

• "1785년 매디슨은 〈종교 사정에 대한 기억과 항변〉이라는 제목의 팸플릿에서 정부의 지원을 받는 종교는 필연적으로 부패하게 된다고 주장하였다. 결국 1786년 의회 내의 공화주의자들과 침례교 배경을 가진 정치인들의 동맹은 제퍼슨의 일반적 국교제 폐지 법안을 통과시키도록 하는 데 성공하였다." 윤영휘, 《서양 근대교회사: 혁명의 시대와 그리스도교》, 홍성사, 2018.

유 보장법<sup>Virginia Statue of Religious Freedom</sup>•과 미 헌법의 권리장전
에 관해서 쓴 서신을 연구하는 데 푹 빠져들었다.

학생들의 과제물 제출 기한이 다가오자, 펠리시어 곤살레스
는 학생들이 읽을 수 있게 자신의 보고서도 작성했다. 저마다
준비해온 자료를 공유했고, 펠리시어 곤살레스 역시 학생들이
준비한 과제를 읽을 수 있었다. 몇몇 학생은 교사인 펠리시어
곤살레스가 준비한 보고서를 읽는 데 주저하기도 했다. 특히
보고서를 읽고 논평해달라고 요청하면서 성적을 매겨보라고
했을 때 마음이 불편했다.

학생들은 수업에 정말 열심히 참여했다. 몇몇은 주에서 개
최하는 전국역사경연대회에 참가할 정도였다. 펠리시어 곤살
레스는 학생들과 함께 오후를 보내면서 경연대회가 끝난 뒤에
전국의 도서관을 여행할 수 있는 전시 자료를 어떻게 기획하
고 디자인할지 조언했다. 학생들이 참여한 프로젝트가 우승하
자, 펠리시어 곤살레스는 수강생 모두에게 아이스크림을 샀
다. 이 프로젝트는 전국 대회에서도 최우수상을 받았다. 펠리
시어 곤살레스는 무척 자랑스러운 나머지 이번에는 아이스크

---

• "1786년, 토머스 제퍼슨이 기초한 '버지니아 종교 자유 보장법'은 정교분리 원칙을 제시
하고, 종교적 믿음을 법으로 감독하거나 강요하는 모든 행위를 끝내도록 했다." 알리스
터 맥그라스, 박규태 옮김,《기독교의 역사》, 포이에마, 2016.

림 말고 다른 뭔가가 필요하다고 판단했다. 펠리시어 곤살레스는 학생들의 명성이 높아지기를 바랐다.

고등학교 앞에 있는 거대한 게시판에는 예컨대 "이번 시즌 캐벌리어스Cavaliers의 성적, 8승 무패. 대회 챔피언" 같은 스포츠 뉴스가 주로 실린다. 펠리시어 곤살레스는 관례를 바꿔보자고 결심했다. 그러나 교장은 펠리시어 곤살레스의 의견에 완강히 반대했다. "학교 주변 사람들이 뭐라고 생각하겠어요? 지역사회는 다들 스포츠 팀에만 관심이 있다고요."

"글쎄요. 진짜 그런지 한번 바꿔보자고요. 배움으로 대단한 성취를 이룬 아이들을 인정해주자는 얘기예요." 펠리시어 곤살레스가 대답했다.

그해 남은 기간 동안 학교 앞을 지나다니는 사람들은 모두 다음과 같은 문구를 읽었다. "캐벌리어스, 전국역사경연대회 우승. 최종 장학금 우승자 5명 배출."

펠리시어 곤살레스는 종교의 자유를 다룬 헌법 개정에 관해 과제를 내고 성공적으로 함께 발표한 것과 학생들이 전국역사경연대회에서 수상한 일에 고무받았다. 그래서 학부모의 반대가 걱정되지만 그럼에도 꼭 해보고 싶었던 것을 시도했다. 펠리시어 곤살레스는 교과서에서 종교가 아주 간단하고 무미건조하게 기술된 점에 문제의식을 느끼고, 학생들이 미국 역사의 핵심적 동력을 더 깊이 배우고 이해할 수 있기를 바랐다. 나아가 학생들이 자신의 교과 수업에서 종교를 제대로 공부할 수 있기를 원했다. 기껏해야 국교제 폐지라든지 19세기 기독교 대각성운동great revivals<sup>•</sup>을 배우는 정도에 그치지 않고 말이다.

이런 생각을 어떻게 실천에 옮길지 고민하던 펠리시어 곤살레스에게 이번 과제와 학생들의 성취는 놓치기 어려운 기회였다. 결국 이 기회를 이용하기로 마음먹었다. 펠리시어 곤살레스는 미국 역사에서 종교가 차지하는 역할이나 의미가 핵심이라는 점을 명시하기 위해 앞으로 가르칠 AP 과목의 새 수업 계획서에 이 내용을 포함시키고 싶었다.

그러나 쉬운 일이 아니었다. 더 많은 책을 읽고, 공부도 더 해야 했으며, 또 잘 정리해서 준비해야 했다. 물론 혼자 해야 하는 일이었다. 미국 종교를 주제로 한 여름강좌를 수강하려 했는데, 6개월에 끝낼 수 있는 일이 아니었다. 그러나 펠리시어 곤살레스는 자기가 가장 궁금한 지식을 가르치기로 했다. 교조적인 교수 방법을 피하면서 종교에 관해 가르칠 수 있는

• 18세기 중엽 식민지 미국에서 일어난 신앙부흥운동. 순회 전도사가 야외 집회에서 전도하는 방식이어서 흑인과 빈곤층이 종교 활동에 많이 참여할 수 있었다. 기존 교회 제도나 성직자의 권위에 의존하지 않아 교파의 다양성이 인정되고 자유가 확산했다.

방법을 찾아보려고 단호한 태도를 취한 것이다.

일단 시작하고 보니 혼자 감당하기에는 너무 벅찼다. 가족들도 펠리시어 곤살레스가 평소 자유 시간에 하던 독서나 공부와는 차원이 다른 뭔가에 몰두하고 있다는 것을 눈치챘다. 그럼에도 펠리시어 곤살레스는 종교 분야를 자기 교과목의 주요 내용으로 포함시키겠다는 결연한 의지를 보였다. 오랫동안 수업에서 빠져 있던 부분이었다.

협업을 하려고 각 학생에게 서로 다른 종교를 주제로 한 과제를 냈다. 재세례파Free Will Baptism에서 유대교Jew, 유대주의Judaism에서 가톨릭Catholic, 모르몬교Mormonism에서 흑인이슬람교African-American Muslim, 오순절파Pentecostalism에서 무신론으로 구분했다. 각 영역의 새로운 관점을 접하면서 각자의 지식을 넓힐 수 있게 했다. 학생들이 참고할 만한 마땅한 책이 없던 터라, 선호하는 방법은 아니지만 많은 내용을 강의로 전달했다. 교과 내용에서 권위를 갖고 학생을 지도하지 않는다면 다른 누가 할 수 있었겠는가.

교조적 개종의 위험이 있는 것 아니냐는 몇몇 동료의 질문에, 펠리시어 곤살레스는 다음과 같이 준비된 대답을 내놓았다. "그렇게 된다면 제가 참을 수 없을걸요. 이 수업은 종교에 관한 이해를 가르치는 것이 아닙니다. 모든 학생은 정말 다양한 종교적 신념을 조금씩 배우게 될 거예요. 학생마다 맡은 종교에 관해 좀 더 깊이 공부하게 될 겁니다. 선조들의 종교적 신념과 우리 문화에 깊숙이 뿌리내린 종교의 요소를 제대로 이해하지 못한 채 미국 역사를 이해했다고 할 수는 없겠죠."

펠리시어 곤살레스의 호기심은 학생들의 호기심도 자극했다. 한 학기 수업이 끝날 즈음, 유대계 학생 몇 명이 자기 종교에 관해 좀 더 잘 알게 되었다고 말해주었다. 이들은 기독교가 미국 사회의 주류로 자리 잡은 뒤에 이주해온 독일계·아일랜드계 가톨릭이 살아남기 위해 어떻게 싸움을 이어왔는지를 공부했다. 자칭 무신론자인 어떤 학생은 여호와의 증인 Jehovah's Witness에 관해 깊이 알게 되었다고 말했다. 수업 마지막 날, 가장 우수하다고 평가할 만한 학생은 펠리시어 곤살레스가 미국 역사를 얼마나 많이 알고 있는지에 감탄했다고 덧붙였다.

"글쎄, 우리 모두 열심히 하지 않았니? 그렇지?"라고 곤살레스는 에둘러 대답했다.

"물론 그랬죠. 참, 선생님이 어떤 종교를 믿는지 궁금해하는 애들도 있었어요"라고 한 학생이 말했다.

펠리시어 곤살레스는 "우리는 종교를 일반적인 지식으로

다루고 있고 미국에는 정말 다양한 종교가 있잖니. 그래서 내 종교를 알리지 않는 편이 좋겠다고 생각했지. 하지만 이제는 말해도 괜찮을 듯하구나. 나는 감리교 신자야. 수업에서는 다른 믿음을 보여주려고 애썼어. 음……, 우리 함께 정말 많은 것을 배울 수 있다는 믿음 말이야. 나는 내가 이 일을 잘 끝냈다고 생각해. 이제 너희도 이런 믿음을 지녔으면 좋겠다"라고 답했다.

# 권위

## Authority

　가르침을 논할 때 권위라는 주제는 잘 포함시키지 않는다. 그렇지만 우리는 권위 없이 가르칠 수 없다. 학교 교실에서, 워크숍에서 또는 사무실에서 우리가 애쓰는 거의 모든 것에 권위는 가장 핵심적인 요소다.

　교사의 수업에서 유용한 요소 가운데 많은 것이 빠지더라도 여전히 유익한 효과를 낼 수 있다. 그러나 수업에서 권위가 빠져버리면 가르침은 애당초 존재하기 어렵다. 교실에서 교사가 제대로 지휘하지 못하면 학생들은 교사를 우습게 여기고, 학생의 노력에 기울이는 연민 또한 전해지지 못할 것이다. 도대체 권위란 무엇인가? 가르침에 권위가 왜 그렇게 중요한가?

모든 영역에서 마찬가지이겠지만, 가르침에서 권위는 다른 사람에게 끼치는 정당한 영향력을 뜻한다. 단순히 힘이라고 말할 수는 없다. 도덕적 차원에서 보는 권위는 힘과 다르다. 힘의 개념이 선함과 사악함에 관한 것이라면 권위에는 강압이 포함되어 있지 않다. 권위에는 아주 특별한 이원적·쌍방적인, 그래서 불가피하게 상호 의존적인 특질이 있다.

교실에서 권위는 교사의 지식, 인격, 가르치는 행위와 함께 학생이 교사에게 보이는 존경으로 구성된다. 학생은 가르치는 교과 내용에 대한 교사의 지적 수준과 함께 지식을 전달하는 교사의 놀라운 능력을 향해 자유롭게 감사와 존경을 표한다. 힘은 강압적인 기세, 즉 행동을 지휘하기 위해 의지를 행사하는 것이다. 힘을 떠받치는 것은 의존성과 두려움이다. 따라서 힘은 가르침에서 설 자리가 없다. 힘을 쓰는 것은 학생의 관심사와 정반대되는 행위다.

힘과 권위의 차이는 교사가 가르침의 진정한 특성을 이해하는 데 무척 중요하다. 다른 곳과 마찬가지로 교실에서 교사는 권위 없이 힘을 행사할 수 있다. 권위가 빠진 힘은 완력과 크게 다르지 않다. 그러나 권위는 힘 없이 존재할 수 있다. 권위가 지닌 도덕적 특질, 공평함과 공감, 진실함과의 관계 때문이다. 교사가 가치 있게 여김으로써 얻게 되는 특질이 권위다. 이것은 인격의 한 부분이다. 꽤 오랜 시간이 지나 학생이 자기가 배운 교과목에 관해서는 많은 것을 잊더라도, 지식과 삶을 대하던 교사의 태도는 기억하거나 떠올릴 수 있을 것이다.

도대체 교사의 권위는 어디에서 나오고 그 특징은 무엇인지 혼란스럽다. 대체로 교사는 학교위원회나 공립대학 같은 공공 기관의 피고용인이다. 한마디로 교사는 일반적으로 공무원이다. 교사의 권위는 법적으로 공적 근원에 기인한다. 예를 들어 교사의 책임감은 학생의 복리에 충실하는 등의 일관적이지 않은 요구보다는 지역사회 규범에 철저히 따르겠다는 신념에 기대고 있는 듯하다. 교사의 권위는 학생의 가족과 관련된 일이나 생명이 걸린 일에서는 제한될 수 있다. 좋든 싫든 간에 교사는 학생의 복리를 위해 일하는 여러 사람들과 책임을 나누어진다.

교사의 권위는 고객인 학생에게서 멀리 떨어져 발휘될 수 없다. 반면 다른 전문직 종사자들은 전문가와 고객 사이의 거리를 서로 상정한다. 교사는 의사와 환자의 관계나 변호사와 고객의 관계처럼, 학생에게 지식과 경험에 비추어 최선의 관심거리를 처방해야 한다. 교사는 학생이 꼭 알아야 한다고 믿는 것을 학생에게 가르쳐야 한다. 교사는 학생이 알고 싶어 하는 것을 가르치지 않는다. 그러나 거의 모든 초중등학교에 다니는 학생은 교사의 조언을 쉽사리 거부하지 못한다. 따르지 않으려면 법적으로 학교를 떠나야 한다. 학생은 적어도 정해진 기간 동안 교사의 포로라고 할 수 있다. 학생의 이러한 의존은 교사에게 특별한 의무감을 불러일으킨다.

교사는 문화를 관리하는 사람이다. 사회의 신념과 전통을 학생에게 전달하고, 학생이 스스로 흡수하고 평가할 수 있게 도와야 할 책임자다. 오롯이 교사에게만 책임이 있다고 할 수는 없지만, 지역사회는 교사에게 사회적으로 가장 중시하는 문해력과 같은 기술, 지식, 지력, 규범을 전달하는 책임을 부여한다. 따라서 학생에게 전통과 역사를 전달하고 공명정대, 연민, 이해 등의 관례와 사회규범의 타당성을 평가하게끔 돕는 것이 교사의 특별한 책무다. 이때 교사는 지역사회가 허용하는 일종의 여지를 얻게 되는데, 진지함과 균형과 교과 지식에 근거해 권위를 행사하며 책무를 완수해야 한다.

교사는 권위를 행사할 때 자신의 온전한 자유와 독립성을 고집해서는 안 된다. 학생의 지적·도덕적인 성장에 책임이 막중하다는 점을 인지하고, 학생이 속한 사회와 문화에도 책임감을 지녀야 한다. 교사는 자기가 가르치고 싶은 것을 가르치면서 그것이 학생들에게 가장 유익하리라는 식으로 가르칠 자유가 없다. 교사의 권위는 완전한 자유를 제한함으로써 더욱 중요해진다. 교사의 권위는 본질적으로 한 인간으로서 갖춘 인격에 달려 있다. 사려, 위엄, 지식 등 전문가적 독립성이 보장된다고 교사의 권위가 만들어지는 것이 아니다.

그렇다면 교사에게 권위가 생기고, 권위를 진작하며 가치를 부여하고, 권위를 꾸준히 유지하려면 무엇이 필요한가?

**권위에는 진지한 배움을 위한 풍토가 마련되어야 한다.** 교실을 통제하거나 학생의 행동을 바로잡는 일은 교사의 배움, 덕망, 처신 등에서 비롯된 권위일 수 있다. 그러나 권위는 이런 일에 좌우되지 않는다. 그보다는 지식을 향한 교사의 도덕적 품행에서 자라난다. 권위는 장중함<sup>gravitas</sup>, 즉 지식의 가치와 활용과 관련해 교사가 지닌 내적 신념을 표현하는 말과 행동으로 성장한다. 물론 여기서 자기가 아는 것을 전달하겠다는 결심과 자신의 무지나 불확실함을 기꺼이 인정하려는 태도가 빠져서는 안 된다.

교사는 권위를 과시할 수 없으며 강제로 행사할 수도 없다. 만약 권위가 강제된다면 학생은 교사의 권위가 불안정하고 신뢰할 수 없다는 사실을 곧바로 알아차린다. 교사의 권위적 행동에 진정한 권위가 토대하는 자아가 빠져 있다는 점을 말이다.

대신 교사의 권위는 교사가 학생에게 전달하려는 목적의 엄중함에서 시작해야 한다. 엄중함은 만유인력만큼 즐거운 웃음으로 충분히 전달될 수 있다. 단, 권위는 어떤 상황에서든 학생의 복리에 관련되어야 하며, 교사가 강제하지 않고 오로지 지식에서 이끌어낸 방법을 매개로 행사되어야 한다. 예를 들어 학생들이 화학에 흥미를 느끼게 하려면 먼저 화학이 정말 매혹적이고 유용하다는 점을 발견할 수 있게 이끌어야 한다. 다짜고짜 화학이 얼마나 중요한지, 왜 배워야 하는지를 강요하면 안 된다.

**권위는 담당 교과목에 통달했다는 것을 뜻한다.** 신체적 용모나 빼어난 음성처럼 타고난 재능 덕분에 특정인에게 권위가 부여되는 경우가 있다. 그러나 대부분의 교사에게는 가르치는 교과에 관한 탄탄한 지식이 덕망의 기초가 된다. 자기 교과목을 완벽하게 소화하는 교사는 정말 다양한 방식과 형태로 교과 지식을 제시할 기회를 얻는다. 그리고 학생들이 아는 것과 여전히 모르는 것의 차이를 간파할 수 있다. 이러한 교사라면 학생들의 수준을 알아채고 각 반의 수준에 적절한 접근을 택해 수업할 수 있다. 학생이 제기하는 문제와 불명확한 부분을 후속 탐구나 토론 주제로 만들어 수업 도구로 활용 가능하다. 즉 교사는 해석이 요청되는 다양한 관점을 제공할 수 있다. 그렇다고 교사가 자신의 관점을 학생에게 강요해도 된다는 뜻은 아니다. 이 문제는 윤리적으로 매우 중요하다.

정통하다는 것은 교사가 교과 지식을 더 공부하지 않아도 될 만큼 정말 많이 알고 있다는 뜻이 아니다. 배움은 늘 끝없는 여정이기 때문이다. 대신 자기 교과에 정통한 교사는 배움의 과정에서 의미 있는 진전을 이루어낸다. 또 배움의 주변을 거슬러 오르고 되돌아볼 줄 알며, 자기보다 뒤처져 같은 길을 걷는 사람들에게 도움의 손길을 뻗을 줄 안다.

**권위는 지식과 몸가짐 그리고 품행의 문제다.** 권위는 공부와 성찰뿐 아니라 몸가짐에서도 생긴다. 예컨대 교사는 옷을 단정하게 입고, 정확하고 명료하게 말함으로써 존경을 얻을 수 있다. 더 중요한 요소는 위엄 있는 행동, 공손한 태도, 연민, 공정함 등 인격과 시민성의 특질이다. 이러한 특질 덕분에 학생은 자기의 발전을 위해 스스로 애쓰는 사람으로 성장할 수 있다. 교사는 학생이 계발하면 좋을 특질을 알려주고 모범을 보여야 한다. (이때 중요한 것은 학생이 자기에게 이런 특질이 필요하다는 사실을 인식하고 있어야 한다는 점이다.) 마지막으로, 교사의 권위는 인격의 표명이다. 교사는 자아에 관한 지식과 함께 자신감으로 권위를 키워간다. 지식과 경험을 근본 요소로 삼는 지혜를 얻으려면 내면에 이르는 법을 배워야 한다. 그제야 권위는 학생에게 자연스럽고 또 거부할 수 없는 힘을 얻을 수 있다.

**권위는 습득하거나 쌓아갈 수 있다.** 권위는 타고나지 않는다. 그런 점에서 권위를 쌓고 유지하는 것은 지식에 통달하는 과정과 같다. 여기에는 꾸준한 노력이 필요하다. 교사는 교실에서 실천과 경험을 쌓으며 권위를 얻는다. 이를 위해 교사는 권위의 성격과 활용을 두고 고민에 고민을 거듭한다. 무엇보다 실험적인 행동과 함께 자기가 누구인지, 어떤 사람인지 생각을 발전시켜가야 한다. 지난한 배움의 과정에서도 교사는 권위를 갖고 가치를 부여하는 데 주저하면 안 된다. 교사는 교실에 발을 들여놓는 순간부터 권위를 세우려고 애써야 한다.

나아가 교사는 이해와 지도를 위해 학생들에게 자신의 인격적 속성을 분명히 나타내야 한다. 아직 젊고 덜 노련한 교사는 베테랑 교사가 풍기는 권위를 보여주지는 못할 것이다. 그렇지만 자신을 따르면 공부가 즐겁고 충분한 보상이 따른다는 점을 처음부터 학생들에게 일깨워줘야 한다. 다행히 아직 젊은 교사들에게는 열정과 에너지가 넘친다. 이런 열정과 에너지는 경험이 얕고 노련함이 덜한 교직 초기의 부족함을 채울 수 있다.

**권위는 학생의 노력을 격려한다.** 권위는 방향성이 있어야 한다. 말하자면 목적과 반드시 연계되어야 한다. 권위는 그 자체로 존재하지 않는다. 교사는 학생들이 자기에게 익숙한 능력을 더욱 강화하고 나아가 본연의 습성을 넘어서게끔 온 정성을 쏟아야 한다. 교사의 헌신은 학생이 세상을 이해하거나 도덕적인 삶을 살 수 있게 이끄는 정도로 그쳐서는 안 된다.

교사의 권위는 학생이 자기 스스로를 능가하려는 욕구를 창출해낸다. 이 욕구는 교실을 벗어나서도 계속 남아 있는데, 학생이 지식을 축적하고, 공적 삶에 기여하고, 도덕적 민감성을 키워나가는 등 계속 **"뻗어나가고자"** 노력하는 습성을 발전시킨다. 학생에게 심어주는 용기와 열망의 깊이를 보면, 훌륭한 교사와 학교는 평범한 교사와 학교와는 아주 다르다.

**권위는 교사와 학생 간에 일정한 거리를 두게 만든다.** 교사의 권위는 교과 지식 면에서 학생보다 더 수준 높고 학생의 복리에 관한 이해가 더 깊다는 점을 인정받을 때 커진다. 교사는 학생의 친구나 동시대의 평범한 사람들보다 더 많은 지식을 쌓고 더 원숙하도록 훈련받아야 학생을 더 잘 지도할 수 있다. 그러나 학생의 복리에 충분히 헌신하더라도 교사가 자신의 권위를 빠르게 소진해버리는 경우가 있다. 바로 학생의 친구처럼 행동하는 경우다.

교사의 인기는 교사의 권위를 뜻하지 않는다. 가르침이 인기를 얻으려는 경쟁이 되어서도 안 된다. 권위는 교사가 어느 학생에게도 치우치지 않고 엄격한 중립을 유지할 때, 즉 학생들이 교사가 특정 학생을 편애하지 않는다고 생각하는 데서 비롯한다. 그래야 학생들은 교사가 자기들의 성취와 성장을 평가하고 성적을 매기는 행위가 정당하다고 받아들인다.

교사는 학생의 교수자, 조언가, 고해신부, 청중, 응원단장, 심지어 우상일 수 있다. 교사는 멘토로서 연민과 공감을 보여주고 아이들과 함께 배우는 즐거움을 표현하며 따뜻함과 정다운 느낌을 발산해야 한다. 단, 교사가 학생들의 친한 친구나 동료가 돼서는 안 된다. 더욱이 사적인 친밀감을 형성하면 안 된다.

교사는 청소년이 아닌 성인으로 행동할 필요가 있다. 이를 위해 교사는 지식을 더 많이 채우고, 학생들에게 최선의 복리가 무엇인지 누구보다 잘 이해하고, 대부분의 학생들에게 아직 부족한 평정심과 차분함을 보여야 한다. 교사는 학생을 평가하고, 성적을 부여하고, 지도하고, 꾸중하고 가끔은 훈육할 수 있어야 한다. 교사는 뒤로 한 걸음 물러나 모든 학생의 노력과 성취를 객관적으로 평가할 수 있게 권위를 갖춰야 한다. 이것이 교사가 일을 지속할 만한 권위를 지키면서 학생에게서 존경을 잃지 않는 최선의 방법이다.

**권위는 교사와 학생이 지닌 지위의 차이를 인정할 때 생긴다.** 거리 두기, 분리, 공정. 이 말은 받아들이기 어려운 것을 꾸준히 지켜가야 한다는 뜻이다. 세 요소는 교사의 권위를 떠받치는 가장 중요한 원천이다. 그러나 교사의 권위적 지위가 성적

을 부여하는 책임이나 학생의 품행을 바로잡는 권리를 만들어
주지는 않는다.

교사의 권위적 지위는 우월한 지식과 폭넓은 경험에서 생겨
난다. 결코 교사 자체가 탁월하다고 할 수 없다. 더욱이 교사가
학생보다 더 뛰어난 운동 능력이 있거나 더 나은 배우자를 만
나고, 특정한 국가 정세에 대해 반드시 더 뛰어난 분석을 제시
한다는 근거는 없다. 그러나 일반적으로 교사는 학생보다 더
많은 지식을 쌓았으리라고 기대된다. 교과 지식과 그 지식을
전달하는 데 필요한 교수법에 더 탁월하다는 점이 교사를 학
생과 학부모, 학교위원회 위원, 또 다른 전문직 종사자들과 구
별되게 한다.

더 많은 지식과 더 훌륭한 품행은 탁월함을 뜻한다. 그러나
사실 교사에게는 겸손함이 요구된다. 교사의 탁월함은 간접적
인 방식으로 전달될 뿐이다. 예를 들어 고딕 성당의 건축물에
서 종교, 건축공학, 미학과의 접점을 이해하는 것이 얼마나 즐
거운 경험인지 학생들에게 보여줄 수 있는 교사는 이 배움의
과정을 만족스럽게 이끌어 학생들에게서 권위를 얻게 된다.
어쩌다 교실에서 대립적인 상황이 벌어질 때 학생들에게 의견
이 다른 상대의 말을 경청하게끔 조정하고 인내심으로 사려

깊게 응대할 수 있다면, 학생들은 교사의 공명정대함을 잘 알아볼 것이다.

그런데 역설적으로 교사는 자신의 권위를 부인함으로써 권위를 세울 수도 있다. 자기가 얼마나 무지한지를 인정하는 것이 오히려 권위를 불러일으킨다는 말이다. 예컨대 "난 잘 몰라. 좀 더 알았어야 해"라거나 "그 질문에 답할 수 없겠는걸. 답을 할 수 있다면 좋을 텐데 말이야" 같은 표현은 교사가 무엇을 알고 또 무엇을 모르는지에 대해 아주 정직한 태도를 보여준다. 게다가 더 알고 싶다는 자신의 희망을 은근히 전달한다.

자기가 교과 지식에 정통하다고 해서 모든 지식을 꿰뚫고 있다는 의미는 아니며 또 그럴 수도 없다. 교사는 자신의 무지를 인정함으로써, 교사의 아주 소중한 거리를 좁힐 위험과 교사가 가진 지식과 경험에 의문을 제기하게 만드는 위험을 감수해야 한다. 그러나 자신의 무지를 드러내는 순간 교사는 자기 지식을 좀 더 탐구해나갈 기회를 얻고, 질문의 답을 담은 책을 찾거나 학생에게 도움을 구할 수도 있다. 질문의 답을 어떻게 구할 수 있을지 학생과 의논하거나 학생별로 또는 여러 학생이 다 함께 답을 구할 수 있게 프로젝트나 숙제를 제시할 수도 있다.

따라서 "잘 모르겠는걸"이라는 대답은 곧 "(기존의 연구에서 어떤 결과가 나왔는지) 확인해보자"라거나 "(실험 또는 협력을 통해) 다 같이 찾아볼까?" 하는 반응으로 이어진다. 이러한 방식을 거쳐 무지에서 지식이 태어난다. 실수에서 진실을, 혼동에서 방법을, 난처함에서 이해를 찾아낼 기회가 생긴다.

우리는 가르침의 기본 요소로 윤리적 행동, 인격, 상상을 말해왔다. 훌륭한 교사의 요소 가운데 오로지 권위만이 외부에서 습득되는 것이다. 권위는 교사에 대한 타인의 평가, 즉 교사로서 지닌 본성과 인격에 대한 타인의 평가에 달려 있는 속성이다. 권위는 학생들의 관점에 달려 있으므로 한번 얻어진 권위에는 독특한 힘이 부여된다. 학생은 권위가 존속하기 위한 부속 요소가 되기 때문에, 학생의 배움이 일어나는 환경의 책임은 곧 학생에게 돌아간다.

권위를 매개로 한 책임의 상호성은 권위에 차별성을 부여한다. 권위는 가르침의 모든 요소 가운데 가장 깨지기 쉬우면서도 한번 부여되면 가장 강력한 영향력을 행사한다. 무엇을 만들어 세우는 데 권위보다 더 큰 보살핌이 필요한 것이 있는가. 무엇을 사용할 때 권위보다 더 큰 배움의 문을 열어둔 것이 있는가.

—— ✦ ——

예전에는 재스퍼 스탬파 Jasper Stampa에 관해 아는 바가 전혀 없었다. 약 168센티미터의 키에 비해 팔이 너무 길어 보이는 정도가 특징이라면 특징이랄까? 그의 얼굴에는 아무렇게나 나 있는 회색 턱수염이 반을 차지하고 있었다. 그는 너무 평범해 사람이 가득한 방에서, 아니 자기 동료들로만 들어찬 곳에서도 별로 눈에 띄지 않았다.

스탬파 교수의 평범한 외모와 알 듯 말 듯한 행동 방식은 그의 평판을 가리고 있었다. 학생들의 관심이 집중되는 이 작고 이상한 남자에게 몇 가지 특이 사항이 있기는 했다. 학교에서 그는 자기 분야의 학문(작곡가의 64분 음표 활용 변화)에 대해 엄청나게 진지하다고 소문이 자자했다. 그는 이 분야에서 존경받고 있었다. 대학 차원의 의상 규정이 꽤 오래전에 사라지고 다른 교수들이 청바지를 입기 시작한 뒤로도 그는 코트와 넥타이를 고집했다. (스탬파 교수는 사람들이 자신의 별스럽고 까다로운 성미를 보여주는 이 복장에 놀라워하고 관심을 보이면 당황하면서 자신은 학생들과는 다른 나이, 다른 시대의 사람이라고 설명했다. "어쨌든, 누가 학생들처럼 입고 싶겠어요?"라는 말을 덧붙이면서 말이다.) 그는 채점을 아주 꼼꼼하게 하고, 학생들을 공정하게 평가했다. 또 자기가 학생들에게 무엇을 기대하는지 늘 분명하고 똑똑하게 말하는 것으로 유명했다.

강의실에서 휘청거리며 걷는 이 교수가 한번은 자기 앞의 학생들보다 더 커 보일 때가 있었다. 그의 음악사 강의가 열리는 날, 많은 학생들은 이 수업이 이수하기 쉽고 즐거우리라고 예상했다. 수업시간에 딱 맞춰 들어간 그는 평소와 달리 기세 좋게 교탁으로 걸어가더니 지각생이 들어오는 모습을 기다리며 침착하게 서 있었다. 그러고는 조용한 목소리로, 음악은 무척이나 멋지고 역사 또한 아주 매혹적이기 때문에 모든 학생이 제시간에 자리에 앉아 있기를 기대한다고 말했다.

"이제 수업을 시작할 것이고 우리는 함께 배우게 됩니다. 늦는 사람들은 다른 사람을 방해하게 되고 제시간에 온 사람들이 들은 내용을 놓치게 되죠." 이쯤에서 스탬파 교수는 인상을 찡그리며 말을 이었다. "여러분 중 누구라도 수업시간에 늦는다면 아예 들어오지 않는 편이 낫다고 생각합니다." 항상 그러지는 않지만 스탬파 교수는 지각하는 학생을 강의실에 들여보내지 않으려 했다. 물론 왜 그러는지 다시 한번 설명하는 것을 잊지 않으면서 말이다.

강의를 시작하는 첫날, 그는 책을 한 아름 안고 강의실에 들어와 탁자 위에 올려놓았다. 어떤 수강생이라도 모든 과제를 제대로 완수한다면 이 책들을 이해하게 될 것이라고 이야기했다. "걱정하지 마세요. 여러분의 과제는 그래도 좀 읽을 만하고 분량도 적을 거예요. 그렇지만 학기가 끝나기 전에 이 책의 내용을 읽고 이해할 수 있어야 합니다. 그리 쉽지는 않을 거예요. 즉 열심히 공부해야 할 겁니다. 물론 여러분이 그럴 수 있도록 도울 인센티브도 있습니다"라고 덧붙였다.

그러면서 스탬파 교수는 성적을 기록하는 노트를 흔들 수도 있었다. "이 점은 꼭 이야기하고 넘어갑시다. 제가 읽으라고 내주는 과제물을 저와 함께 잘 읽어간다면 아마 여러분 앞에 새로운 세상이 펼쳐질 거예요. 단지 음악 듣는 법을 배우는 것을 넘어 여러분은 듣는 것을 이해하게 될 겁니다. 그 무엇도 이때 여러분이 느낄 기쁨에 견줄 수 없죠. 적어도 제가 아는 한은 이보다 나은 것이 없습니다. 연말 즈음 강의가 마무리될 때 여러분은 라틴 모테트, 하이든 4중주, 브람스의 교향곡, 현대 전자 음악을 알게 될 겁니다. 만약 좀 더 시간이 주어진다면 여기에 더해 흑인영가와 현대 재즈 음악을 배울 겁니다." 말을 마치면서 그는 그레고리오 성가가 담긴 테이프를 시작으로 데이브 브루벡Dave Brubeck의 〈테이크 파이브Take Five〉* 연주를 틀어주었다. 그러고는 리듬과 박자에 관해 설명하기 시작했다.

재스퍼 스탬파는 재치 넘치는 강의자는 아니었다. 스탬파 교수는 교탁 앞에 조용히 서서 농담도 전혀 하지 않고 심지어 다른 학자를 향한 비판도 쏟아내지 않았다. 그럼에도 그가 뿜어내는 음악에 대한 취향과 뚜렷한 사랑이 학생들의 마음을 사로잡았다. 학생들은 자기 교과 지식을 쉴 틈 없이 이야기할 수 있고 어떤 질문에도 흥미로운 방식으로 답변하는 스탬파 교수의 능력 덕분에 그 교과를 제대로 배웠다. 교과 내용 전체를 두고 말하기는 어렵지만 적어도 아주 많은 내용을 배울 수 있었다. 스탬파 교수는 서구 음악의 모든 것을 알고 있는 듯했다. 아마 아프리카음악과 아시아 음악에 관한 지식도 있을 것이다.

어느 해인가 스탬파 교수의 강의를 수강하겠다는 불쌍한 학생이 있었다. 학생은 음악이나 들으면서 나름 쉽게 이수할 수 있으리라 판단한 것 같았다. 그런데 학생은 강의를 듣고 나더니 "이 수업 정말 대단했어. 스탬파 교수 강의를 통해서 몬테베

* 〈테이크 파이브〉는 폴 데스몬드 작곡, 데이브 브루벡 4중주단의 연주로 유명한 재즈곡이다. 1959년 앨범《타임아웃Time Out》에 실렸다.

르디라는 작자부터 헤비메탈 음악까지 이해하게 됐다니까"라
고 감탄했다.

강의에 임하지 않을 때 스탬파 교수는 볼품없고 우유부단한
사람이었다. 연구실에서 그에게 다른 강좌라든가 나머지 교육
과정에 관해 물어보면 그는 아무 말도 하지 않을지 모른다. 그
는 학생들에게 대학원과 관련한 어떤 조언도 해주지 않을 만
큼 통상적인 전문가로서의 삶과는 동떨어져 보였다. 그뿐 아
니라 매년 봄 개최되는 교수진과 학생 간의 소프트볼 경기에
도 절대 참여하지 않을 것이었다.

그러나 학생 중 한 명이라도 기말 과제에 관해 의논하고 싶
다고 찾아오면 스탬파 교수는 활기를 되찾을 게 분명했다. 책
상에서 몸을 일으켜 꼿꼿한 자세를 유지한 채 사다리를 타고
책장을 뒤져서 모차르트의 작곡 스타일이 어떻게 변화해왔
는지 잘 다룬, 별로 알려지지 않은 궁정 음악가에 관한 책을
찾을 것이다. 대체로 천장에 가까운 책 더미에서 그 책을 꺼
낼 것이다.

"이 평범한 음악가를 다룬 멋진 책을 가져가봐. 그리고 모차
르트가 어떻게 그 음악 양식에서 변화해 〈피가로의 결혼〉 같
은 웅장한 음악을 쓸 수 있었는지 깨달았다고 생각되면 책을

돌려줘." 스탬파 교수는 학생에게 음악의 구조를 이해시키겠다고 학생을 앉혀놓고는 한 시간이고 두 시간이고 자기가 가장 좋아하는 음악을 반복해서 들려주는 것으로 유명했다.

스탬파 교수는 자신의 전공인 64음표에 관한 후속 연구를 완성하겠다고 때 이른 퇴직을 한 뒤 가족과 함께 오랫동안 꿈꾸던 도시로 거처를 옮겼다. 그러자 이전에 스탬파 교수의 수업을 들은 학생들이 그의 퇴임 기념식장에서 무조주의atonalism에 관한 책을 증정하며 존경을 나타냈다. 저자들이 인정하듯 무조주의라는 주제는 학생들의 흥미와는 거리가 멀었다. 물론 학생들은 스탬파 교수가 20세기의 모든 음악을 사랑한다는 사실을 잘 알았지만 말이다. 이 책에는 "믿을 수 없을 만큼 음악 지식이 풍부한 재스퍼 스탬파 교수님이 우리에게 늘 말했듯, 우리는 음악을 듣고 책을 읽으면서 완전히 새로운 예술과 삶을 배우게 되었다"라는 헌사가 쓰여 있었다.

# 윤리

Ethics

마땅히 잊힐 법한 어느 나치 극작가의 연극에 등장하는 한 인물이 있다. 그는 '문화'라는 말을 들을 때마다 언제고 권총을 발사할 준비가 되어 있다고 말한다. 이와 마찬가지로 윤리에 관해 생각해보자고 제안하면 어떤 이는 무기를 꺼내려 할지도 모르겠다. 윤리라는 단어가 내포한 뜻은 일면 철 지난 어떤 것, 지나치게 딱딱하고 엄격한 것 그리고 유식한 체하는 것 정도가 아닐까?

어쩌면 이 말은 도덕 경찰moral police, 검열, 과장된 공정함, 젠

체하는 위선 등 우리의 권위와 행동의 자유를 질시하는 모든 적을 상기시킨다. 그러나 우리가 제대로 이해했다면, 윤리는 이 가운데 어떤 것도 의미하지 않는다. 대신 아주 복잡하고 불완전한 세계에서 다른 사람들을 향한 도덕적 의무와 행동에 반응하는 인간의 아주 자연스러운 배려와 관련되어 있다.

가르침 속에서 윤리는 사람들이 요구하기 전에 학생의 필요와 선함을 충족하려는 것을 뜻한다. 단지 옳아서가 아니라 그렇게 하는 것이 학생의 신뢰와 이해를 얻는 가장 확실한 길이기 때문이다. 또한 학생들이 배울 수 있게 돕는 최선의 방법이기도 하다. 따라서 가르침에서는 학생 중심의 윤리가 필요하다. 가르치는 사람이 보기에 학생에게 좋은 것이 아니라면 우리는 가르칠 수 없고 학생들은 결코 배울 수 없다.

가르침은 위탁받은 행동이다. 교사는 학부모에게서, 좀 더 넓게는 그가 속한 사회에서, 무엇보다 학생에게서 책임을 넘겨받아 학생들의 복리를 지킨다. 교사는 학생이 지식과 이해를 발달시킬 수 있게 격려하면서 개개인이 최선의 결과를 창출하고 안전하게 지켜내게 돕는 사람이다. 이런 신탁의 책임은 가르침에 심오한 윤리적 의미를 불어넣고, 교사로 하여금 단순히 지식을 전달하는 데서 멈추지 않고 행동의 모범을 보이고 가치의 수호자가 되게끔 이끈다.

따라서 가르침의 목적은 교사가 아니라 학생에게 가장 좋은 것이어야 한다. 가르침은 개인주의와 이기심과는 정반대의 것에 초점을 맞춘다. 진실한 가르침의 언어는 권리가 아닌 책임의 영역이다. 가르침은 학생의 복리를 강구하는 것이지 교사의 복리를 의도하는 것이 아니다. 교사는 이 목적을 실현하기 위해 항상 무언가를 포기할 준비가 되어 있어야 한다.

물론 가르치는 사람 중에 자기 절제를 완전히 이행할 수 있는 사람은 많지 않다. 그렇다고 교사가 오로지 학생에게 헌신하기 위해 자기 자신과 가족, 친구, 이웃의 일을 전부 무시해도 된다는 말은 아니다. 다만 교사로서의 일을 수행하는 데 위탁받은 사람으로서의 의무를 다하라는 뜻이다. 학생을 위탁받은 경우, 특히 어린 아동을 위탁받은 경우라면 책임이 더 막중하다. 책임지지 않거나 책임지려고 하지 않는 사람은 교사라기보다 단순히 정보를 전달하는 사람에 가깝다. 진정한 교사가 누구인지 판가름하는 기준은 자기에게 주어진 일의 윤리적 의무를 얼마큼 받아들이고 감당하는가에 달려 있다.

따라서 가르침의 윤리적 요소는 연민이나 상상력과 마찬가지로 교사가 자신을 학생의 처지에 놓고, 자기에게 좋은 것이 무엇인지를 놓고 학생의 혼란스러움과 소망을 상상하게 한다. 교사는 자신의 경험, 즉 외부의 영향력에 얼마나 쉽게 상처 입는지, 배움의 과정이 얼마나 힘든지, 타인에게 받아들여지고 대중적인 인기를 얻으려 얼마나 많은 걱정을 했는지를 회상해 봐야 한다.

이렇듯 가르침의 윤리는 교사가 학생에게 행사하는 권위와 아주 밀접하게 관련되어 있다. 교실은 안전하게 보호되어야 하는 장소로, 학생들은 교실에서 자신을 발견하고 세상에 관한 지식을 얻는다. 또한 자신의 복리에 적대적인 모든 위협에서 보호되며, 그 안에서 표명된 모든 의견은 자유롭게 평가받는다. 교실에서 제기된 모든 질문은 정당하며 세상을 더욱 개방적이고 충만하고 깊이 보게끔 돕는다. 이것이 교실에서 이루어지는 가르침의 명확한 목표다. 교사는 교실에서 이런 윤리적 분위기를 만들고 유지하는 의무를 진다.

그러면 가르침에서 윤리적이라는 말은 무엇을 뜻하는가?

**윤리적 가르침의 첫 번째 규칙은 절대 학생에게 해를 가하지 않는 것이다.** 이 말은 단지 의사들을 향한 히포크라테스의 훈계 정신을 따른 부정적인 명령이 아니다. 이 말에는 학생들의 복리를 위협하는 어떤 것(인기라든지 동료의 압박처럼 쉽게 마음을 끄는 아첨 등)에서 그들을 적극 보호하라는 교사의 의무가 담겨 있다. 학생의 자아와 자존감은 낭패감, 너무 지나치다 싶은 처벌, 교사의 권위 남용 탓에 쉽게 상처를 입는다. 마치 나이 지긋한 어른이 어린 학생에게 자존심이 짓밟히는 경우와도 같다고 할까. 교사의 권위 남용은 편견, 편애, 개인적 친분처럼 다양한 형태로 발생할 수 있는데, 이는 학생의 복리에 아주 큰 위협을 가한다.

예를 들어 교사와 학생 간의 친밀성이 우정의 경계를 넘어선 경우라면? 특히 학생이 교사보다 나이가 많으면 크게 문제삼지 않는데, 이는 성인으로서의 판단을 존중하기 때문이다. 그러나 이런 주장은 친밀성에서 비롯되는 교사의 욕망과 학생의 이익 사이에 발생하는 도덕과 직업적 갈등을 간과하고 있다. 교사가 학생의 학업과 품행을 객관적으로 평가하는 상황에 놓여 있다면 더욱 그렇다. 또한 친밀성을 함께 느끼지 않거나 친밀함의 상대가 아닌 학생에게 이 관계가 어떤 불리함도 야기해서는 안 된다.

교사가 직업적 윤리를 제대로 이행하지 않아서 생기는 가장 심각한 결과는 교사를 보호자이자 본보기, 교수자로 의지해왔던 학생의 신뢰감에 상처를 입히는 것이다. 따라서 다른 사람, 특히 어린 아동을 가르치는 교사는 결코 자신의 법적·도덕적 권리를 포기하면 안 되지만, 이보다 선행하는 책임, 즉 학부모가 자녀에게 지는 것과 같은 책임을 져야 한다.

**윤리적 가르침은 오로지 학생의 복리에 관심을 기울이는 것이다.** 교사가 타인에게 지는 의무와 마찬가지로 자신의 필요, 열망, 욕구보다 오로지 학생의 복리에 관심을 기울인다는 것은 가장 어려운 책임이다. 아무도 교사에게 모든 욕심을 버려야 한다거나 학생을 위해 모든 것을 포기해야 한다고 요구하지 않는다.

그러나 가르침의 도덕적 조건은 교사가 자아를 확장해서 타인을 위해 어느 정도 희생하기를 요구한다. 즉 교사는 기본적으로 학생의 이익을 위해 에너지와 시간을 쓰고 때로는 개인의 이익까지 희생해야 한다. 결과적으로 학생은 교사의 부양가족으로, 지식·지도·보호를 위해 수업에 의존한다. 따라서 진리를 추구하는 우두머리이자 전문가인 교사는 외부의 침입에서 학생의 이익을 지킬 의무가 있다. 심지어는 학생을 보호할 때, 권력을 휘둘러 교직을 위태롭게 하려는 학교와 지역사회 단체에 맞서야 할 수도 있다.

예를 들어 교사는 꽤 오래 이어지는 노조 파업이나 학내 시위 참여 같은 직업적 갈등에 학생을 끌어들이거나 집단행동을 함으로써 학생에 대한 교사의 의무에 영향을 주면 안 된다. 이런 행동 또한 학생들에게는 하나의 배움거리가 되기 때문이다. 교사는 항상 학생을 위해 마음을 써야 하며, 학생들이 스스로 무엇이 최선인지 마음을 모으게끔 전력을 다해 도와야 한다.

**윤리적 가르침은 학생에게 높은 기준과 기대를 제시하고 그 기준에 도달할 수 있게 격려하는 것을 뜻한다.** 많은 학생이 자신에게 주어진 도전을 거부하거나 이에 분노한다. 그런가 하면 학부모와 지역사회는 학생이 스스로를 넘어서야 한다는 기준에 별로 공감하지 않는다. 그러나 학생이 '뻗어나갈 수 있게', 그래서 지식과 이해가 성장하게 고무하는 일은 교사의 책임이 아닌가. 또는 어느 사랑받는 교사가 아침마다 칠판에 써놓는 지시사항처럼, "낮게 성공하기보다 높게 실패하는 것을 선택하라"는 것은 교사의 책임이 아닌가.

다른 모든 직업인과 마찬가지로, 교사는 학생의 편에서 행동해야 한다. 비록 학생이 교사의 조언을 따르지 않고 저항하더라도 말이다. 교사는 학생이 자신에 대한 기대를 높이 설정하고 실현해낼 수 있다고 상상하도록, 또 실제로 해내도록 노력하게 만들어야 한다.

학생이 열심히 노력은 하지만 주저하거나 우물쭈물하며 더는 배움을 이어가지 못할 때, 교사가 기대 수준을 낮춰주는 방식으로 대응하면 안 된다. 대신 교사는 자기가 학생에게 기대와 희망을 품고 있다는 사실을 학생이 분명히 알 수 있게 전해야 한다. 또한 학생이 교사의 노력을 내면화할 수 있게 도와야 한다. "가르치는 일이 쉽지 않다는 걸 잘 알아. 너도 이걸 배우고 싶지 않지? 그렇지만 모르는 상태로 그냥 넘어갈 수는 없어. 네가 배울 수 있는 다른 방법을 찾아보자. 계속 같이 도전해보는 거야."


**윤리적 가르침은 가르침의 원리를 몸소 보여주는 것이다.** 모든 교사는 수업에서 모범을 보이며 가르친다. 학생은 교사의 지도를 이해하는 동시에 교사를 추종하고 모방한다. 학생은 본보기라고 여기는 사람, 또는 본보기로 삼으라고 제시된 사람의 행동과 태도를 항상 모방하려고 한다. 학생 처지에서 가족 이외에 가장 많은 시간을 함께 보내고 부모의 대리자로 봉사하는 성인이 교사일 경우에는 특히 더 그렇지 않겠는가? 실제로 교사가 학생의 선한 행동과 생각에 영향을 주는 유일한 본보기가 되는 경우도 있다.

교사는 어린 학생들에게 펼쳐질 사적이고 공적인 생활에서 언제나 가장 중요한 안내자로 존재한다. 지식이 단순히 책 내용을 배우는 것보다 더 큰 의미가 있다면? 다른 사람이나 기관이 자주 그러듯 학생이 자신의 참된 이익에 도달하는 데 실패하게 만들거나 성숙한 행동의 본보기가 되는 데 실패할 경우, 교사는 올바른 일을 해야 할 더 큰 책임을 떠안게 된다. 따라서 교사는 성숙한 행동을 솔선수범하고, 훌륭한 행동을 직접 가르치려 할 때 종종 생기는 도덕적 교만과 독선을 피해야 한다.

**윤리적 가르침은 윤리를 가르치는 것을 뜻한다.** 가르침은 좋은 본보기가 되는 차원을 넘어 훌륭한 인격을 가르치고 또 스며들 수 있게 적극적으로 노력하는 것이다. 그러나 덕과 가치에 관한 가르침을 놓고 경쟁적인 견해와 일대 전쟁을 벌이는 상황에서 학생에게 어떻게 윤리학을 가르쳐야 할지 알기 어렵다. 심지어 교사는 학생들에게 윤리학을 가르칠 필요가 있는

지조차 혼동하고 확신하지 못한다. 지식의 가치와 활용, 타인에 대한 봉사 또는 연민을 가장 잘 나타낸 예가 교사라면 결론은 벌써 나와 있다. 교사는 자기 일의 도덕적인 속성과 차원을 잘 알아야 하고, 윤리학과 인격을 가르치는 것을 주저하면 안 된다.

예컨대 교사는 가르칠 때 진실, 정직, 공정함이 가장 중요한 가치라고 거듭 강조해야 한다. 학생에게 표절과 속임수의 대가를 가르쳐야 한다. 이런 행동이 학생의 지적 발달에 가하는 자기 상처와 같은 비용 말이다. 교사는 학생의 모든 윤리적 위반 행위에 불이익과 함께 처벌을 내려야 한다. 그리고 역사와 문학(관련 목록은 얼마든지 제공해줄 수 있다) 분야의 연구에서 자세하게 제공되는 자료로 선과 악, 진과 위, 정의와 불의, 진실과 오류를 가르쳐야 한다. 교사는 학생에게 삶을 괴롭히는 윤리적 딜레마를 알려줄 필요도 있다.

이런 수업은 어디에서든 이루어질 수 있다. 교실이나 실험실 테이블 또는 운동장에서도 가능하다. 어느 교과에도 잘 녹여 전달할 수 있다. 이런 수업이 위험하고 강제적이라거나 고압적이라며 피하는 것은 일종의 비겁한 행동이다. 물론 윤리와 인격을 가르치는 데는 위험이 따른다. 그러나 교실 수업에서 이런 도전이 빠진다면, 과연 누가 교사가 되겠다고 하겠는가.

**윤리적 가르침은 학생의 마음과 행동 방식, 신념 체계를 인정하는 것이다.** 교사가 학생에게 조금 더 성숙한 생각을 불어넣으려고 한다면 학생의 관점이 어떠한지 알아내야 한다. 교사는 학생이 자신의 행동과 신념을 설명할 수 있게, 또 신념이 적절한 것인지 어떤 강점이 있는지 탐색하게 이끌어야 한다. 모든 가르침은 학생이 지식을 쌓게 하고 사고를 계발시키지만, 가르침의 목적은 학생의 마음과 정신을 조종하는 것이 아니라 더 크게 하려는 데 있다.

학생이 교실 수업에 들여오는 요소는 가르침을 크고 깊게 하려는, 그래서 무언가 새롭게 만들 수 있도록 돕는 원재료라 할 수 있다. 교사는 이 재료를 부적합하다고 표현하거나 없애버려서는 안 된다. 교사가 해야 할 일 가운데 가장 세심한 주의를 요하는 일이기도 하다.

교사는 열린 마음으로 이야기를 들으면서 학생들이 더 나은 신념을 깔아뭉개거나 전통에 해를 입히지 않으면서도 새롭게 보고 이해할 수 있게 이끌어야 한다. 그와 동시에 폭력이나 인종차별처럼 교실에서 맞닥뜨리는 나쁜 행동 양식과 신념을 바꾸게끔 노력할 의무가 있다. 교사의 이런 과업은 정확히 윤리적 책임에 속하기 때문에 결코 쉽지 않다.

특히 인종과 윤리적 기준이 다른 그룹의 학생 또는 여러 연령층의 학생으로 구성된 교실은 많은 난관에 부딪힌다. 이런 도전을 감안하면서 학생에게 적합한 경험을 제공하면 배움에 도움을 준다. 어떤 교사도 이런 주제들로 토론이 진행될 때 배움의 기회가 꺾이지 않게 해야 한다.

**윤리적 가르침에서 교사는 학생의 서로 다른 시각과 각자가 변호하는 관점을 고려해야 한다.** 자기 교과에 완전히 정통한 교사는 교과 지식을 다양한 측면으로 가르치고 잘 정립된 지식과 여전히 논쟁 중인 지식을 구분해 가르칠 수 있다. 교사는 사실과 소설, 가설과 이론, 개연적인 것과 가능한 것, 지혜로운 것과 경솔한 것을 구별해야 한다.

이때 교사는 무엇을 알고 또 모르는지에 근거할 필요가 있다. 알 만한 지식과 진짜 사실이 무엇인지 전달할 때 개인적인 의견이나 믿음을 포함하면 안 된다. 따라서 토론을 진작하거나 학생의 의견이 충분히 논의될 수 있게, 교사는 세심한 태도로 자신의 취향과 관점을 자제하고 가능한 한 폭넓은 해석과 관점을 제시해주어야 한다.

교사는 자신의 관점을 학생에게 강요하면 안 된다. 학생의 생각을 짓누르기 때문이다. 교사는 배움의 장에서 학생의 생각과 시각이 교사나 또래 학생들의 견해와 다르더라도 학생이 자신의 관점을 찾고 또 정당화할 수 있도록 적극 격려해줘야 한다. 모든 교사는 학생의 사고가 꽃피고 강해질 수 있게 격려해야 할 의무가 있다. 어떻게든 학생의 생각을 바꿔보겠다고 나서면 안 된다.

그러나 학생의 관점을 인정한다고 해서 엄밀한 판단과 논쟁을 피하라는 말은 아니다. 잘못한 학생을 쉽게 놓아주는 교사는 학생 앞에서 흔히 생색을 내곤 한다. 교사는 학생이 자기 의견이나 제멋대로 표현하고 싶어 하는 내용을 마치 그럴싸한 신념이나 증명된 사실처럼 주장하지 못하게 해야 한다. 또 이미 사실로 밝혀지고 증명된 내용을 하나의 의견처럼 치부하게 내버려두어서도 안 된다.

모름지기 교사는 학생들에게 정설을 인용하고, 전통적 논리를 차용하며, 저마다 취하는 관점의 상대적 강점과 약점을 평가할 수 있게 지도해야 한다. 교사는 모든 논쟁의 상대적 장점과 파급력을 제대로 지적해주고 적극적으로 설명해야 한다.

오늘날 어마어마하게 쌓여 있는 세상의 지식에 비추어 교사가 지닌 지식과 신념을 비교하고 시험해보는 험난한 과정을 거친 뒤에야 자신의 신념이라 할 만한 것에 도달할 수 있듯, 학생의 의견을 존중하는 교사의 태도 역시 그런 과정을 거쳐 학생에게 받아들여져야 한다.

윤리적 차원은 가르침의 다른 요소보다도 자신의 욕망과 타인의 이익 사이에서 힘겨운 선택을 종용한다. 어느 누구도 이렇게 힘든 결정의 의미를 축소해 판단하면 안 된다. 교사가 선택해야 하는 어떤 것도 당연하거나 택하기 쉬운 것으로 여겨서는 안 된다. 가끔 교사 스스로 자문해보아야 할 점이 있다. 교사는 자기 일(가르침)의 윤리적 딜레마를 잘 알고 있는가? 비록 적절한 답을 찾기 어렵다거나 어쩌면 그 덫에서 영영 헤어나올 수 없다고 하더라도 말이다.

정말 선한 의도를 품었더라도 우리는 어쩔 수 없는 인간이며, 규범적인 만큼 윤리적이지 못한 경우도 많다. 교사 역시 인간이기에 정의롭고 윤리적인 경로와 관련해 학생들 못지않게 혼란을 겪기 마련이다. 아무리 노력해도 어느 순간 무심코 학생을 무시하거나 상처를 입힐 수 있다. 도대체 누가 다른 사람의 이익을 위해 자신의 이익을 번번이 포기할 정도로 이타적이겠는가.

학생의 복리에 초점을 분명히 맞춘다면 가르침의 윤리는 무엇보다 확실해질 것이다. 교사가 겉으로만 윤리적인 체하면 안 된다. 교사는 솔선수범해야 할 윤리적 책임감을 나날이 넓히고, 포용적이면서 또 강해져야 한다. 책임감은 공명정대함이 아니라 마음의 강단을 뜻한다. 교사는 학생의 배움과 도덕 발달, 지금까지의 지식과 성취를 넘어서겠다는 야망 등 학생에게 무엇이 최선인지 장기적인 관점을 취함으로써 모든 가르침이 그 자체를 정당화하는 모습을 보게 될 것이다.

— ✦ —

교사들은 대체로 교직에 있지 않은 사람들을 가르침으로써 이득을 얻는다. 교사가 아닌 사람들 또한 가르침이 무엇인지 제대로 생각해보지 않은 채 누구를 가르치기도 한다. 가르침이 무엇인지 이들이 웬만큼 이해하고 있더라도 보통은 가르친다는 말을 쓰지 않는다. 그러나 이들의 가르침 역시 교사들이 평가받는 방식대로 평가된다. 아니, 그렇게 평가되어야 한다.

가르치는 방법은 적절한지, 배우는 사람에게 도움이 되는지, 약이 아니라 설탕처럼 받아들여지는지, 공정하고 윤리적인지와 같은 기준이 평가의 잣대가 된다. 에밀리 패터슨Emily Patterson도 이런 아마추어 교사 중 한 명이었다. 가족들은 그녀를 "엠 고모Aunt Em"라고 불렀다.

엠 고모는 ("난 사람보다 숫자를 다루는 게 더 좋아요"라고 말하는) 상거래 회계사로, 타고난 아줌마였다. 독신인 에밀리 패터슨에게는 형제자매 4명과 조카 10명이 있었다. 이 대가족이 에밀리 패터슨의 삶에 거의 아무런 영향을 미치지 않을 수도 있었지만, 그녀는 가족에 대한 책임감을 진지하게 짊어진 사람이었다.

엠 고모는 천성적으로 어린아이들과 함께하기를 좋아하고 다른 사람을 감탄시키기를 즐기는 이타적인 사람이었다. 엠 고모는 친한 친구들과 여행을 떠난 듯 주말을 온전히 바쳐 조카들을 돌보았다. 조카들만 집에 있게 되면 아예 그 집으로 가서 아이들을 챙겼다. 그녀는 자신의 복리보다 조카 각각의 복리를 앞세우는 데서, 조카들이 꼬맹이에서 성인으로 성장하는 모습을 옆에서 지켜주려고 시간을 쓰는 데서 가장 큰 만족감을 느꼈다. 엠 고모는 당연히 아이들의 삶에서 제2의 부모가 되었고 또 한 명의 엄마가 되었다.

엠 고모는 조카들의 취향, 관심사, 열정을 하나하나 세심하게 배워나가고 조카들이 좋아하는 것을 기꺼이 선물했다. 그러면서도 조카들의 엄마 아빠와 자기 사이에 엄연한 구분이 있어야 한다는 점을 알고 존중했다. 치기 어린 아이들처럼 조카들의 엄마 아빠를 향한 애정을 교묘히 가로채려고 애쓰지 않았다. 모든 부모가 그렇듯 조카들의 엄마 아빠 또한 아이들을 향한 행동 규범과 가치 때문에 아이들에게서 반항을 불러일으킨다는 점을 잊지 않았다.

엠 고모는 조카들이 부모에게 품는 애착을 자신이 동시에 받기는 어렵다는 점도 잘 알고 있었다. 따라서 부모와 자식 사이에 끼어들 생각은 아예 하지 않았다. 대신 조카들과 새로운 형태의 관계를 만들고자 노력했다. 그러면서 조카들을 대하는 행동의 경계선을 지키고자 애썼다. 그 결과 엠 고모는 어린 조카 10명에게 둘러싸여 헌신과 존경을 받을 수 있었다.

에밀리 패터슨은 무엇을 하든 천성적으로 훌륭한 가르침이 배어나는 사람이었다. 흔히 교사라고 하면 직업인으로 훈련받고 학교나 대학에 고용되어 월급을 받는 사람을 가리킨다. 우리 대부분은 적어도 12년 동안 훈련받고 고용된 교사들에게서 배웠다. 좋은 교사였든 아니든 그들이 지금 우리의 삶을 만들었기 때문에 잊히지 않고 남아 있다. 직업인으로서 교사는 우리 경험이 만들어지는 과정에서 무척 중요한 역할을 한다. 우리 인생을 통틀어 전혀 교사라고 여길 수 없는 사람들, 심지어 스스로 교사라고 생각하지 않는 사람들에게도 가르침이 있다는 점을 잘 기억해야 한다.

우리가 어릴 때는 부모나 다른 가족이 우리의 교사가 된다. 다른 사람들도 우리의 교사가 되는데, 의사·간호사·성직자·상담사·사무실장·경찰·변호사·동료 등 모든 형태의 관리자가 그 예다. 이런 사람들은 어디서나 발견할 수 있다. 이들은 경험이 풍부하다. 몇몇에게는 가르침이 그저 존재의 아주 작은 일부이겠지만, 어떤 이들에게는 타인, 특히 다음 세대의 어린이들에게 자기의 지식과 지혜를 전달하는 일이 그리 어렵지 않아 보인다. 이들은 자기가 맡은 가르침을 즐거운 마음으로 이행한다. 그중에는 금전적 보상을 받는 경우도 있다. 많지는 않지만, 부모 중에도 금전적 보상이 주어져야 한다고 생각하는 사람이 있다. 물론 대부분은 아무 대가 없이 선량한 마음을 담아 가르친다.

엠 고모가 바로 그런 사람이었다. 예를 들어 빌리는 어릴 때 큰 동물, 특히 사자에게 유독 관심이 컸다. 그런 빌리에게 엠고모는 지도를 가져와 아프리카를 찾아보라 하고는 사자의 야생 서식지와 행동을 담은 영화를 보여주었다. 그 뒤 동물원에 데려가서 빌리가 난생처음으로 육식동물을 직접 보게 해주었다. 빌리는 하도 기쁜 나머지 그날 밤 잠자리에 들 때 엄마에게 동물 이야기를 했다. "그런데 엄마, 그거 알아요?" 빌리가 갑자기 소리쳤다. "엠 고모는 진짜 이상해요." 빌리의 갑작스런 말을 의아하게 여긴 엄마가 되물었다. "왜 그렇게 생각하는데?" "엠 고모는 뱀을 좋아해." 빌리가 역겹다는 듯 대답했다.

몇 년 뒤 빌리가 수의사가 된 이후, 엠 고모는 학사모를 쓴 그가 졸업장을 흔드는 모습을 함께 지켜봤다. 그녀는 혼잣말로 중얼거렸다. "불쌍하기는……. 빌리는 위대한 파충류학자가 될 수도 있었는데……." 빌리는 엠 고모의 진짜 속마음이 어떤지 몰랐다. 엠 고모는 자기가 뱀에 매료되어 있다고 언급했을 뿐이다. 그렇다고 빌리가 그의 관심사를 버리게 하려고 굳이 애쓰지도 않았다.

뱀이 엠 고모에게 있는 유일한 열정은 아니었다. 엠 고모의 호기심과 관심을 막는 게 있기는 한지 알아내기란 어려웠다. 음악은 엠 고모의 또 다른 열정의 대상이었는데, 바로크 음악부터 로큰롤, 심지어 힙합까지 모든 음악을 섭렵하려고 했다. 이 겸손하기 짝이 없는 여인이 택한 악기는 플루트였다. 그러니 조카 중 두 명이 학교와 대학 오케스트라에서 파트장을 할 정도로 플루트를 잘 불게 된 일이 놀랍지 않을 것이다. 엠 고모는 아이들의 연주를 자기도 함께 즐기고 싶어 했다. 두 조카는 독주 부분의 연습거리를 집으로 가져와 고모와 형제들에게 들려주었다. 엠 고모는 아무리 위대한 오케스트라 연주를 생생하게 듣는다 해도, 음악은 직접 연주하는 것이 더 좋다고 말하곤 했다. 이를 두고 엠 고모는 "다른 사람 처지가 되어보는 것"이라고 했다. 앉아 있을 때조차 이런 연주가 모든 사람에게 얼마나 중요하고 강력한 기술이 되는지 강조했다.

에밀리는 아이들의 훈육 문제에서 자기 의견을 살짝 억누르거나 아예 조카들의 엄마 아빠인 자기 형제들에게 양도했다. 그렇다고 옳고 그름에 관한 자기 생각을 완전히 내던지지는 않았다. 에밀리는 최고의 부모, 최선의 의도를 지닌 부모, 또는 그 누구라도 어느 순간 자녀를 가르치려는 노력이 심한 잔소리가 되고 급기야 역효과를 낼 수 있다는 점도 잘 알았다.

에밀리는 때때로 부모와 자녀 사이에 끼어들지 않으면서도 무심코 자기가 생각하는 훈육을 하는 듯했다. 그렇게 하지 않으려 할 때도 가끔 경계를 넘어서곤 했다. 한번은 가족 모임 때 에밀리가 조카들 곁에 조부모가 없다는 사실을 슬퍼한 적이 있다. 두 분은 이미 세상을 떠났고, 다른 두 분은 너무 멀리 떨어져 살고 있었다. 에밀리는 아이들이 어르신들과 친밀한 관계를 맺을 수 없어서 아예 다른 종족과도 같은 낯선 노인들을 만나야 하는 것은 아닐까 염려했다.

이 가족 모임이 끝나고 얼마 지나지 않아 에밀리에게 고민거리가 생겼다. 조카들이 길에서 본 노인들을 조롱하듯 말한 것이다. 아이들은 "저 노인들은 웃기게 걷네……. 왜 표정은 늘 저리 우울해 보여?"라고 했다. 에밀리는 아이들이 하는 이야기를 들으면서 실망감을 감출 수 없었다. 결국 에밀리는 이성을 잃고 아이들을 호되게 야단쳤다. 정신을 차린 에밀리는 아이들에게 성낸 것을 사과했다. 그러고는 다른 사람에 대한 배려를 잊는 것이 왜 꾸중 들을 일인지 차분히 설명했다. "언젠가는 너희도 노인이 되고, 누구에게서 정중함과 함께 도움을 구해야 할 때가 올 것"이라고 말했다. 아이들을 가르치는 일이 자기 역할이긴 했지만, 부모의 관점으로 아이들을 대하기란 몹시 어려운 일이 아닌지 스스로 되물어보았다. 도대체 에밀리는 어떻게 이런 교훈을 얻었을까?

몇 년 전, 에밀리는 지역 경로당에서 자원봉사를 하며 나이 많은 노인들이 스스로 병원 예약도 하고 필요한 물품을 쇼핑할 수 있게 도왔다. 에밀리는 노인들 이야기를 조카들과의 대화에 조금씩 흘려 넣기 시작했다. 이때 에밀리는 경로당 봉사활동에 어린 조카들을 데리고 다니면서 아이들이 노인과 함께 식료품점에 다녀오게 했다. 조카들이 학교 친구들에게서 자기 할머니 할아버지가 텔레비전도, 에어컨도, 휴대폰 문자도 없던 시절에 겪은 옛일(대공황이나 2차 세계대전 또는 그때의 생활…….정말 그런 일이 있었던 걸까?)을 들었다고 할 때도, 자기가 하는 일의 의미와 관련해 아무 말도 하지 않았다. 에밀리는 자기도 시켜달라고 성화인 모든 자원봉사자를 태우려면 더 큰 차가 필요한 게 아니냐는 농담도 들었다. 그 뒤로 조카들은 노인들을 두고 상스러운 표현을 쓰지 않았다.

세월이 흐르면서 조카들도 다음 세대가 될 아이들을 낳을 것이고, 곧 에밀리의 시선을 사로잡을 것이다. 그녀는 원기 왕성하고 튼튼한 노인으로 생을 보냈고, 부축을 받으며 걷게 된 뒤로는 '다른 사람 처지가 되어보기' 마케팅을 하다가 93세의 나이로 세상을 떠났다. 빌리는 장례식 추도사에서 "엠 고모는 제 인생 최고의 교사였습니다"라고 말했다. 그런데 나중에 어떤 모임에서 한 친척이 빌리의 말을 부정하려 들었다. 그는 "엠 고모는 절대 교사를 한 적이 없어"라고 단호하게 말했다. 그러자 빌리는 웃으면서도 확고한 어투로 "맞아. 그렇지만 엠 고모는 최고의 교사였어"라고 답했다.

# 질서

### Order

---

    전 세계의 많은 신화에서는 혼돈에 질서가 부여되면서 세상이 창조되고 인류가 기원했다고 설명한다. 이런 신화가 진실인지 또는 호소력이 있는지에 대한 판단은 우리 내면의 소리에 달려 있다. 부조화가 조화로 대체되고 기회는 확실성에 자리를 내주어야 하며, 인간 사회가 존속하려면 목적이 없는 상태가 명확한 목표로 대체되어야 한다는 소리 말이다.

    보통은 인센티브가, 가끔은 강압적인 방법도 질서를 세우는 데 동원되곤 한다. 어떤 상황에서도 무질서가 질서로 탈바꿈

하는 데는 저항이 따르기 때문이다. 사회 내부에서 자기 내면의 구조를 만들고 잘 유지하려면 늘 어느 정도 뼈아픈 과정을 거쳐야 한다. 혜택을 얻기 위한 비용이 요구되는 탓이다. 여기서 우리는 인간 생존 조건을 개선하려는 조치가 작동하는 데 특정한 유형의 질서가 필요하다는 점을 합의해야 한다.

사회가 요구하는 것을 가르친다고 해서 놀랄 이유는 없다. 학생뿐 아니라 교사의 무질서와 마음·행동·환경의 무질서는 질서로 바뀌어야 한다. 효과적인 가르침은 질서가 자리 잡지 못한 학생들이 내면의 질서를 발달시키게 돕는다.

예를 들면 실제 가르침의 현장에서 교실과 강의의 목표가 분명하게 설정되어야 하고, 목표는 학생들에게 잘 설명되고 정당화되어야 하며, 목표를 달성하는 태도 또한 분명해야 한다. 학생이 쉽게 다가갈 만한 자료를 적절히 제공해야 하고, 관련된 모든 활동이 학생들에게 부여된 목표를 성취하는 데 맞춰져야 한다는 뜻이다. 나아가 학생은 자신의 학습 환경을 잘 유지할 의무가 있다. 이 의무에는 교실을 조용하게 유지하는 것, 학생들끼리 존중과 예의를 지키는 것, 말과 행동을 조심해 사용하는 것 등이 있다. 무엇보다 효과적인 가르침은 체계적인 노력, 끈기와 꼼꼼함으로 목표를 추구하게 하는 모든 공부와 활동을 의미한다. 훌륭한 가르침은 교사와 학생이 자신을 안팎의 통제에 순종하도록 만들어 배움이 일어나게 한다.

훈육은 질서의 일부다. 그럴 만한 이유가 없는데도 정말 많은 사람이 '훈육'이라는 개념을 놀랄 만큼 부정적으로 받아들인다. 그러나 훈육에는 벌을 준다거나 규율을 적용하는 것보다 훨씬 폭넓은 뜻이 담겨 있다. 훈육은 가르침에서 지식과 인격을 형성하고 완전하게 만드는 일종의 훈련을 뜻한다. 그리고 배움에 근본적인 질서가 잘 잡혀 있는 상태, 자제력, 선한 행실을 내포한다. 따라서 훈육은 긍정적인 힘이며, 단순히 행동을 제어하고 통제하는 것을 가리키지 않는다.

훈육은 학생뿐 아니라 교사를 위해서도 필요하다. 교실에서 행해지는 많은 훈육은, 교사가 학생의 행동을 훈련해야 한다는 자신의 의무를 받아들였다는 사실과도 연관된다. 즉 잘 가르치고 학생의 이익에 봉사하기 위해서는 교사의 표현과 진술의 목적이 명료하며 정확하고 진정한 상태여야 한다. 교사가 행사하는 훈육의 개념은 곧잘 부정적으로 그려진다. 억압, 폭군, 엄한 교관, 독재자 등 역사적으로 잘 알려진 악당이나 멜로드라마에서 자유를 훼방하는 냉정하고 불쾌한 악역의 전형으로 말이다.

학생의 사상, 행동, 표현의 자유를 제한하면 학생의 복리와 본성적 자아가 발현되는 데 위협이 된다. 그러나 신중한 태도로 훈육을 행사하는 교사라면 학생의 이익을 절대 무시하지 않고 자유를 제한하는 어리석음을 범하지 않는다. 교사가 지식에 근거한 생각, 분명한 표현, 사려 깊은 행동을 통해 학생에게 자유를 부여하면 학생은 자유를 매개로 인간 삶의 자연스러운 혼란을 스스로 통제할 수 있게 된다.

교사는 교실에서 발생할 수 있는 모든 잠재적 혼돈에 적용할 훈육 체계를 만들어야 한다. 배움에 훨씬 호의적인 풍토를 마련해야 하기 때문이다. 훈육은 시간표 작성하기, 행동 규정 만들기, 행동 본보기, 학생에 대한 분명한 기대 제시하기, 보상과 처벌에 대한 공정한 체계 세우기 등 아주 다양한 형태로 이루어진다. 행동을 규제하기 위한 긍정적이거나 부정적인 보상 체계는 학생에게 배움이라는 울타리 안에서 자유롭게 행동할 수 있는 동기를 부여한다. 물론 이때 보상 체계는 공평하고 효과적이어야 하며, 너무 지나치지도 느슨하지도 않은 적절한 균형을 유지해야 한다.

질서를 세우는 데 필요한 훈육에는 처벌의 가능성이 내포되어 있다. 그러나 체벌은 허용되지 않는다. 체벌은 바람직한 훈육 방법이 아니며, 체벌로 발생한 일을 되돌릴 방법도 없다. 교사는 매를 들지 않고도 아이를 망치지 않는다는 자신감이 있어야 한다.

찰스 디킨스의 소설 《니컬러스 니클비 Nicholas Nickleby》에 등장하는 왁퍼드 스퀴어스 Wackford Squeers • 처럼 무자비한 교사는 소설을 읽는 일반 독자들보다 교사들에게 더 불쾌하게 다가온다. 스퀴어스는 무지하고 폭력적이며 탐욕에 찌든 사람으로, 결코 교사에 어울리는 인물이 아니다. 아이들은 그에게서 자기의 어린 시절을 스스로 지켜내야 한다. 그런데 그의 교실에서 체벌을 금지한다고 해서(아마도 그는 절대 그러지 않겠지만), 정당화할 수 없는 가혹함이나 남에게 상처를 주는 경솔함이 사라질까? 그렇지 않을 것이다. 요즘 교사가 지닌 가장 잔악한 무기는 거친 말과 조롱이다. 잔소리와 칭찬이나 비난을 염두에 둔 교사의 태도는 교실의 질서를 좌우한다.

교사가 호응하든 야단을 치든 말만으로 질서가 훌륭하게 잡히지는 않는다. 좋은 본보기가 함께 있어야 효과적이다. 부지

• 등장인물 왁퍼드 스퀴어스는 요크셔 출신의 잔악한 애꾸눈 교사다. 그는 별로 환영받지 못하는 아이들을 위한 기숙학교를 운영하는데, 아이들은 이 학교에서 굶주리는가 하면 주기적으로 매를 맞으며 혹독하게 다루어진다. 스퀴어스는 스마이크에게 채찍질한 것에 대한 보복으로 니컬러스의 손에 응징당한다.

런하고 시간을 잘 지키는 교사는 학생에게 자기와 똑같은 수준을 기대할 수 있다. 교사가 시간을 들여 학생의 호기심을 충족해주기 위해 노력한다면, 학생이 과제를 제출하자마자 도움이 될 만한 논평과 수정한 글을 돌려준다면, 교실 안팎에서 잠시라도 시간을 허투루 쓰지 않는다면……. 이런 교사는 학생들이 배움에 필요한 질서 정연한 체계organization를 수용하고 그대로 실천하게끔 설득할 수 있을 것이다.

질서를 잡는 방법은 정말 다양하다. 또 어떤 학생을 가르치느냐에 따라 달라진다. 단, 모든 훌륭한 가르침의 특징이라고 할 수 있는 질서에는 몇 가지 공통적인 측면도 있다.

**질서를 세우려면 권위를 행사해야 한다.** 권위는 교실에서 질서와 훈육을 만들고 유지하는 데 가장 중요한 수단이다. 무능한 교사나 자신을 학생과 동등하다고 여기는 교사는 질서 잡힌 환경을 조성하거나 진지한 배움이 생기는 신뢰할 만한 조건을 만들 수 없다. 교실을 차분히 유지하고, 학생이 수업 내용을 하나하나 이해하게 이끌려면 교사는 배움을 교실에서 가장 중요한 활동으로 삼고, 공정하고 윤리적인 행동이 발현되는 풍토를 만들어야 한다. 교사의 바른 몸가짐에서 질서 잡힌 모습, 즉 생각과 일뿐 아니라 태도와 정신에서도 뚜렷한 질서를 찾을 수 있어야 한다. 그러지 않으면 배움이 일어나기가 어렵고 아무도 배움의 가치를 신뢰하지 않을 것이다.

그래서 교사가 새로운 학생들과 처음으로 대면하는 순간은 정말 중요하다. 첫 만남에서 완전히 사무적이고 농담을 허용하지 않는 교사는 엄격한 분위기를 자아낸다. 그러나 교실의 기본적인 규칙이 한번 세워지고 나면 점차 편안해질 수 있다는 이점이 있다. 처음부터 너무 익숙하고 편안한 상태로 시작하면 점점 더 큰 어려움에 봉착할 수도 있다. 질서와 권위가 필요한 상황에는 어느 정도의 거리와 엄격함이 요구된다.

**교사의 리더십에서 질서가 만들어진다.** 교실의 체계와 분위기를 만드는 사람은 학생이 아닌 교사여야 한다. 수업의 비밀은 교사가 신중히 이끌고자 노력하는 방향으로 학생들이 따라오게 하는 능력에 달려 있다. 리더십은 권위와 아주 밀접한 관련이 있는데, 그 속에 목적이 내재한다. 교사는 수업을 할 때마다 분명한 목표를 제시해주어야 한다. 그 목표는 학생 스스로 이해할 수 있는 자신의 복리와 관련지어야 한다. 그렇게 해야 교사는 질서 잡히고 이해할 만한 외적 체계를 세울 수 있다.

가르침은 그 체계 속에서 일어난다. 이때 교사는 학생이 내적 정신의 질서를 만들어가게 도울 수 있고, 따라서 학생은 배울 수 있다. 교사의 마음과 지적·도덕적 범위에서 가르침의 목표가 분명하면 학생은 교사가 세워둔 기준에 더 쉽게 적응할 수 있으며 자신에게 주어진 도전에 응한다. 배우는 데 요구되는 기준이 아무리 엄격하고 가혹하더라도 말이다.

교사 대부분은 자기가 어느 목표를 향하는지 안다. 그러나 가끔은 가고자 하는 방향으로 첫발을 떼기 전에 그 방향과 목표를 다시 떠올려봐야 한다는 점을 잊는다. "나를 따르라!"라는 구호는 사람의 감정을 움직이는 힘이 있을지는 모르지만, 학생들은 자신이 어디를 향해 가는지, 왜 그곳으로 가기를 희망하는지 알고 싶어 한다. 훌륭한 교사는 이런 질문을 받기 전에 먼저 질문하고 답한다.

**질서를 위해서는 가르침의 명확한 방향과 기세가 필요하다.** 우리 모두 이런 역사 교사를 기억하고 있지 않을까? 새 학기가 시작할 때는 자기 강좌가 오늘날까지의 역사 전반을 다룬다고 했지만, 결국 1932년도를 넘어선 이야기에 미치지 못하고 한 학기를 마치는 교사 말이다. 이 경우 역사 교사는 수업을 진행하면서 불필요한 행동으로 괜히 허둥대는가 하면 이런저런 중요한 도표를 보여주면서 안 해도 될 이야기를 덧붙이고, 수업과 관련 없는 주제로 토론하지 않았는가? 수업 진도에서 연충(蠕蟲) 단원을 결코 넘어가지 못하는 생물 교사는 또 어떤가? 포유류에 관해서도 배워야 하는데 말이다.

진도를 지키지 못하는 교사들은 수업 계획에 관한 이해와, 수립한 목표를 달성하겠다는 기세impetus가 부족한 사람들이다. 이런 교사들 탓에 결과적으로 학생은 제대로 배우지 못한다. 많은 학생이 그 수업의 내용에 상당한 기대를 품었을 것이다. 교사는 약속된 지식을 더 배우지 못하게 함으로써 학생들의 복리를 심각하게 침해한다.

교사는 교과 지식을 어떻게 전달할지 알고 있음에도 통합된 하나의 지식으로 만드는 방법을 모른다. 또한 교과와 관련된 문제를 제기하는 법에는 정통할지 몰라도 학생 앞에서 제시하는 수업을 결론에 이르기까지 미학적이고 지적으로 끌어내지 못한다. 이 문제는 교사가 자기 수업을 단지 계획에 맞춰 끝내느냐 아니냐의 문제로 그치지 않는다. 삶의 다른 많은 일처럼 수업도 제대로 끝맺기가 쉽지 않다. 계획한 진도로 수업을 마치는 것은 강의에 대한 단순한 만족보다 훨씬 더 큰 일이다. 더욱이 강의 종료와 함께 강의에서 추구한 목표를 달성한다면, 목표를 상실한 채 달려온 강의에 견주어 더없이 훌륭하지 않겠는가.

**질서에는 평온한 교실 분위기가 내포되어 있다.** 때로는 창의적인 무질서나 시끄러움이 적절한 순간도 있다. 아이들이 게임을 하며 배움에 참여할 때나 수업에 큰 웃음이 필요할 때, 또는 실험과 설명이 진행되고 있을 때처럼 말이다. 교사가 실수하면 당장 바로잡고 진실이 무엇인지 밝혀주어야 한다.

그러나 혼란은 생산적인 활동에 아무 도움이 되지 않는다. 교실이 늘 시끄럽거나 교사의 권위가 필요할 정도로 계속 무질서한 상태라면 배움은 절대 발생할 수 없다. 지식과 지식에 대한 존중이 진지하게 받아들여지지 않는 풍토에서 어떻게 배움이 이어질 수 있겠는가? 조용하고 차분한 교실 환경에서 학생들은 교사에게 주의를 집중하고, 그제야 수업은 학생에게 제대로 전달되고 이해된다.

교사는 교실을 평온한 상태로 만들기 위해 스스로 조용한 상태가 되게끔 애써야 한다. 교사가 노련하고 절제된 행동을 한다고 해서 혼란한 교실을 조용하게 만들 수는 없다. 많은 학생은 본성적으로 혼란한 상황을 즐기기 때문이다. 그러나 교실 앞에서 보이는 평온은 목소리를 높이는 것과 혼란스러움보다 언제나 더 바람직하다. 그렇다고 지시를 따르지 않고 버릇없는 학생을 호되게 혼내면 절대 안 된다는 뜻은 아니다. 이런 격렬한 상황은 거의 일어나면 안 되는 아주 특별한 예외로 삼아야 하지만 말이다. 그래야 그 효과가 최고에 이를 수 있고 다시 평온함이 자리 잡을 수 있다.

**훈육으로 질서를 세운다.** 훈육에는 잦은 질책도 체벌도 필요하지 않다. 훈육에 필요한 것은 학생에 대한 명확한 행동 기준, 적절한 교정, 규정 위반에 따른 합당한 불이익 그리고 관용을 제시하는 것이다. 일관성, 신뢰성, 공정함은 훌륭한 훈육과 동등하다.

잘못한 일을 혼내는 것은 교사의 처지에서 학생의 행동에 불만과 실망을 표현하며 조용하고 단순하게 말하는 선에서 그쳐야 한다. 잘못한 학생은 희망적이고 긍정적인 방향으로 이끌어야 한다. 학생의 잘못이 다시는 반복되면 안 된다는 점을 분명히 하고, 앞으로 어떻게 할지 제안하는 내용이 전달되어야 한다. 학생이 무엇을 잘못했는지 분명하게 전달하고, 이미

지난 일이라는 점을 학생이 내면에서 성찰할 수 있게 도와야
한다. 교사는 더 이상 이 일로 학생에게 유감을 품지 않을 것이
며, 잠깐 부족한 모습을 보인 학생을 여전히 열린 마음으로 대
하리라는 것을 알게 해야 한다.

훌륭한 교사는 잔뜩 주눅 든 학생의 경험을 격려와 응원으
로 바꿀 수 있게 노력해야 한다. 교사의 궁극적인 목표는 학생
을 좀 더 나은 방향으로 이끄는 것 아닌가. 교사의 목적은 학
생에게 자기가 얼마나 높은 수준에 있는지 과시하거나 본때
를 보이겠다고 체벌하는 것이 아니다. 잘못을 지적당한 학생
이 "우리 선생님은 나를 멍청하다고 생각해"라거나 "나한테
너무 지나친 것을 요구해"라고 결론 짓게 된다면, 그 학생은
더 이상 배우기 어렵다.

**질서는 반드시 이롭다는 것을 받아들여야 한다.** 배움은 훌륭한
교사가 세운 체계 덕분에 가능해진다. 좋은 결과를 내려면 체
계가 훌륭해야 한다. 그러나 학생은 이런 체계에 필요한 훈육
을 마치 적이라도 되는 듯이 학생 바깥에서 부여되는 어떤 것,
뭔가 거부하고 저항해야 할 것처럼 대한다. 훌륭한 교사라면
학생들의 이런 태도를 잘 알고 있어야 한다. 그리고 태도가 옳

지 않다고 분명히 해야 하며, 질서가 만족스럽고 훈육이 수용될 수 있게 인센티브를 제공해야 한다. 모든 게임은 규정에 따라 이루어진다. 어린 학생들은 운동장이나 체육관에서 규정을 쉽게 받아들이는 편이다. 그러나 교실에서의 규율과 질서가 얼마나 중요한지, 왜 인정해야 하는지에 대해서는 쉽게 수긍하지 않는다. 훌륭한 교사는 학생들이 규정을 수긍하고 실천할 수 있게 이끌어야 한다.

훈육의 언어에는 단점도 있다. 교사들은 대개 훈육에 강압적인 언어를 사용한다. 이런 언어는 대체로 재갈과 채찍의 의미로 전달된다. 그러나 훌륭한 교사라면 효과적인 훈육이 결코 표면적이고 형식적이지 않다는 점을 알고 있다. 모든 상황을 뚫고 나아가는 훈육은 내적이며, 알아서 수용되는 질서다. 따라서 효과적인 교사는 교실의 질서가 지닌 장점을 분명히 이야기하고 어떤 혜택이 있는지 몸소 보여줌으로써, 학생 내면의 질서가 성장하게끔 격려하고 지지해야 한다.

**교사는 질서를 세우기 위해 훌륭한 모범을 보여야 한다.** 무엇보다 교사는 성실함, 인내심, 정확함, 정직함, 분명함, 끈기, 신중함, 신뢰성, 배려심 등 학생에게 어떤 덕목을 기대하는지 확실히 제시해야 한다. 교사가 보여주는 자기 수련 습관은 학생들에게 모범이 될 것이고, 교사가 학생에게 기대 수준을 높여 제시하는 것이 왜 필요한지를 정당화해준다. 지능은 선천적이기는 하지만, 체계적으로 갈고닦으려면 오랜 단련과 꾸준한 훈육이 필요하다.

이런 맥락에서 교사는 학생에게 바람직한 행동의 기준을 제시하기 위해 적절한 차원의 개인적인 습관과 직업적인 삶의 단면을 보여줄 준비가 되어 있어야 한다. 만약 글쓰기 능력을 키우려고 매일 에세이를 쓴다거나 외국어 실력을 쌓기 위해 매일 스페인어로 된 시와 글을 읽는 교사가 있다면, 그 교사는 학생들 앞에서 자신의 공부 이야기를 절대 빼놓지 않을 것이다. 이런 이야기는 자연스럽게 학생들의 배움을 진작할 수 있다. 자신의 부지런함과 박학다식함을 학생들에게 과시하거나 강요하지 않는다면 학생들에게 호기심과 교사를 따라 하려는 마음을 부추길 것이다.

**질서를 지키려면 기준을 세우고 유지할 필요가 있다.** 이런 기준은 교사가 제시해야 하며, 보통 학생의 능력보다 약간 높게 설정한다. 로버트 브라우닝 Robert Browning 은 이런 상황을 다음과 같이 간명하게 정리했다. 우리의 목표가 지금의 이해 수준을 뛰어넘지 않으면 "도대체 왜 하늘이 존재하겠는가?" 누구라도 100점을 맞을 만한 시험은 학생의 성취도를 제대로 평가하지 못한다.

학생은 자신의 능력을 뛰어넘고자 애써야 한다. 또한 그렇게 노력했지만 아무런 진전이 없다고 해도 낙담하고 의기소침하면 안 된다. "엄격하지만 공정한 요구와 기대"는 효과적인 처방이 된다. 그러나 "너무 과한 요구와 기대"는 오히려 독이 된다. 학생은 주기적으로 자기 목표에 거의 도달할 것 같은 경험이 이어질 때 만족스러운 배움을 얻는다.

글쓰기 과제를 위한 적절한 양식처럼 사소한 것부터 생물 수업에서 다양한 동물 종의 생식 체계를 얼마나 공부해야 하는가처럼 주요한 것까지, 기준은 폭넓고 다양하다. 중요도와 상관없이 모든 기준을 엄격하게 지키기를 기대하는 것은 훌륭한 가르침의 징표다. 물론 이 기준을 왜 적용하고 따라야 하는지 학생들에게 충분히 설명해야 한다. 형식은 실체보다 덜 중요할지 모른다. 그러나 아무리 작은 문제라도 실천을 통해 정말 중요한 기준을 유지하는 더 엄격한 태도가 길러질 것이다.

결국 가르침에서 질서를 유지하는 것은 지식을 존중하고 배움에 임하는 사람을 존중하는 풍토를 만든다. 지식과 배움에 임하는 이를 존중하는 태도는 가르치는 행위의 선행 조건이다. 배움에서 상호 존중은 질서 잡힌 환경을 만들어낸다.

무질서는 가르침의 적이다. 왜냐하면 무질서는 지식에 어울리지 않기 때문이다. 세상은 질서가 없거나 어지럽게 보일 수 있다. 그러나 세상의 지식은, 심지어 뒤죽박죽인 세상의 지식은 반드시 질서가 잡혀야 한다. 지식을 얻는 것이 질서 잡혀야 하듯 말이다. 자신의 언어, 발표, 제시하는 목표에 질서를 부여하는 교사는 그러지 않는 교사보다 학생을 더 잘 가르치고, 학생이 평생의 노력을 들여 배움에 참여하게 이끌 수 있다.

— ✦ —

지난 20여 년 동안, 고등학교 신입생이 된 학생들은 페기 민턴Peggy Minton 교사와의 첫 만남에서 놀라움을 금치 못했다. 즐겁기도 했지만 어찌 됐건 잘 견뎌온 8년 동안의 수업은 교사들의 스타일에 따라 아주 다양한 수준의 체계와 훈육을 보여주었다. 그러나 교사들의 수업 체계는 민턴에게 견주면 모호하기 그지없었다. 협력도 없고 신속하게 이루어지는 활동도 없었다. 반면 민턴은 많은 사람이 열광할 만큼 부단히 노력해 고등학교 1학년 라틴어를 가르쳤다.

고등학교 신입생 학급에 들어서면 키도 생김새도 제각각인 경우가 많다. 그런데 민턴의 반 학생들 대부분은 150센티미터를 겨우 넘는 그녀보다 더 컸다. 그러나 민턴은 매년 새로 구성되는 학급에서 처음 만나는 순간부터 학생을 확실히 통제하는 에너지를 보여줌으로써 왜소한 체격을 보강했다.

새 학년이 시작되어 처음으로 교실에 들어갈 때, 민턴은 책과 종이를 책상에 올려놓고 학생들을 향해 섰다. 그러고는 학생들이 완전히 조용해질 때까지 기다렸다. 민턴의 조용하고 정돈된 태도는 마치 막 날아오르려는 새처럼 균형을 이루었다. 그녀는 어디에 내려앉을지 결정하려는 듯 교실에 시선을 던졌다. 완전한 적막이 찾아왔다. 민감하기 그지없는 학생들에게 기다림이 곧 당황스러움으로 바뀌어갈 때쯤, 민턴은 입을 열었다.

"안녕하세요." 바닥에 발이 약간 끌리는 소리와 알아듣기 힘든 중얼거림, 긴장한 듯 낄낄거리며 웃는 소리, 기침 소리가 들렸다. 다시 침묵이 찾아오자 민턴은 오히려 날카롭게 말했다. "그렇게 하는 것은 적절한 반응이 아닙니다. 저는 여러분이 저에게도 '안녕하세요'라고 똑똑히 말하길 바랍니다. 모두 한목소리로요. 저는 여러분을 정중히 맞았어요. 여러분도 저를 정중히 대해주기를 기대합니다. 안녕하세요."

이번에는 아이들이 한목소리로 "안녕하세요"라고 함께 인사하려고 노력했다. 민턴은 말을 이어갔다. "좀 나아졌네요. 이제 여러분이 저에게 완전히 주목하게 되었군요. 바로 공부를 시작할 수 있겠네요. 그런데……." 늘 그렇듯 이런 학생이 있기 마련이었다. "저 뒷줄에 앉은 학생이 할 이야기가 있나 보군요. 네, 바로 거기. 미안해요, 아직 이름을 모르겠네요. 질문이나 무슨 할 말 있어요?"

"아뇨, 선생님."

"그렇다면 너는 우리 시간을 낭비하고 있는 셈이네. 네 이름이 뭐지?"

"줄리언 존슨이에요."

"고맙다, 줄리언. 자, 그럼 지금까지 네가 무얼 배웠는지 말해볼래?"

아이는 고민하는 듯 이맛살을 찌푸리더니 어쩌지 못하고 뭔가 말을 꺼냈다. "선생님은 매 수업마다 '안녕하세요'라는 인사로 시작해요."

"그래, 맞아. 그리고?"

줄리언은 잠시 생각하더니 갑자기 무슨 영감이라도 떠오른 것처럼 답했다. "선생님은 우리가 선생님에게 '안녕하세요'라고 다시 말하기를 바라요."

"그래. 그럼 내가 왜 그러기를 바라는 것 같니?"

"그야 선생님은 우리가 완전히 주목하기를 바라고 수업을 시작하려는 거죠."

"그리고 한 가지 더 말해본다면?"

"수업시간에 우리끼리 말할 수 없다는 거 아니에요?"

"훌륭해. 자, 수업 계속하자."

교실은 아이들의 자료 바인더와 필통, 책가방으로 뒤죽박죽인 채 어수선했다. 민턴은 학생들이 자기 펜과 연필을 찾기를 기다리며 선언하듯 말했다. "이거 너무 오래 걸리는걸. 오늘부터 새로운 규칙을 하나 제시할게요. 여러분이 나한테 '안녕하세요'라고 답할 때, 여러분은 이미 펜이나 연필을 들고 있어야 하고, 책상 위에는 노트가 놓여 있어야 해요. 공부할 준비를 한다는 것은 곧 쓸 준비를 한다는 겁니다. 이 수업에서 늘 이야기하듯, Paratus laborare, paratus scribere."•

---

• '공부할 준비, 쓸 준비'라는 뜻의 라틴어.

민턴은 이 말을 할 때면 꼭 마지막 말을 영어와 라틴어로 칠판에 적었다. 그러고는 뒤를 돌아보고 기운차게 말했다. "자, 쓰세요!" 학생들은 그 말을 따라 썼다. 아이들은 곧 고개를 들고 다음 지시가 내려지기를 기다렸다.

수업이 이어졌다. 수업시간 50분에 걸쳐 민턴은 1년 동안 진행될 라틴어 수업의 목표를 개괄해주었다. 30명에 이르는 아이들의 이름을 외우고, 그중 학생 20여 명과 이야기를 직접 주고받았다. 학생들에게 교과서를 소개해주고 첫 숙제를 내주었다. 민턴은 그동안 단 1초도 허비하지 않았다.

수업을 들은 모든 학생은 민턴의 첫인상을 똑같이 표현했다. 민턴은 해야 할 일을 정확히 안다는 점, 민턴이 하겠다고 작정한 것은 꼭 해낸다는 점, 괜히 민턴과 부딪히려 하지 말고 기대에 부응하는 것이 최선이라는 점 말이다. 가장 똑똑한 아이들도 새로운 교사가 자기들보다 더 주도면밀하고 더 많이 알며 훨씬 체계적이라는 사실을 깨달았다. 학생들은 민턴의 지도에 따라 모험 정신과 도전 정신을 새롭게 다졌다. 그리고 학생들은 한 시간이 지날 즈음 비로소 숨을 돌릴 여유가 생긴다는 것을 알았다.

첫인상도 첫인상이지만, 페기 민턴의 또 다른 덕목은 수업을 완수하는 데 있다. 그녀는 일 년 내내 활발한 태도를 유지하고는 학생을 재촉해 배움을 완수하게끔 만들었다. 더욱이 그녀의 기준은 가혹할 정도로 정확하고 높았다. 학생 대부분에게는 이 목표를 달성할 만한 동기가 부여되었다. 목표에 이르지 못한 학생은 실패했다는 생각이 들 만큼 더 많이 노력하라고 압박을 받았다. 민턴은 수업시간이나 학생 개별 면담, 학부모 면담 시간에 자기가 부여하는 성적의 목표와 성적 처리 방식을 아주 일반적인 언어로 설명해주었다.

다른 사람들이 민턴의 수업과 평가를 공정하고 정당하다고 인식한 결과, 그녀의 학생들은 평소 자기가 생각했던 잠재력보다 더 높은 수준에 이르렀다. 학생들, 심지어 가장 불만이 많은 학생들 사이에서조차 어떤 교사와도 이토록 열심히 공부해본 적이 없다는 이야기가 공통적으로 나왔다.

고교 1학년 라틴어 수업은 대개 암기로 가득 차 있다. 아주 다양한 어형 변화, 실제 문장에서의 적용과 중요성 그리고 빈틈없는 정확성을 기해 이런 문법적 차이를 드러내고, 해석하고 번역하는 능력까지 배워야 했다. 민턴은 이 모든 과업을 학생 모두가 이해할 수 있게 단순화하여, 조심스럽고 끈기 있는 설명으로 전달했다. 그녀의 수업을 들은 학생은 'scribit, scribet, scribat' 사이에 어떤 차이가 있는지 깨달은 점에 스스로 대견해했고, 이상하고 낯설고 이미 '죽은 지' 오랜 언어를 배우면서 영어 문법 형식에 관한 이해를 크게 진전시켰다. "규칙을 배우고, 예외적인 것들을 암기하고, 그렇게 얻은 지식을 번역 작업에 적용하라." 이것이 민턴이 학생들에게 거듭 상기시키는 말이었다.

민턴은 교실에서 굳이 훈육을 강제할 필요가 없었다. 학생들은 자신의 모든 행동이 사려 깊고 적절해야 한다고 고집하는 교사에게는 질서를 해치는 어떤 위반행위라도 호되게 야단맞는다는 점을 벌써 잘 알고 있었다. 아무리 사소한 일이라도 뭔가 잘못하면 민턴이 어떻게 대응하는지 모두 알고 있었다. 학생들은 잘 자리 잡힌 교실의 질서가 심각하게 방해받을 때 그녀가 보일 반응을 굳이 상상하고 싶지 않았다. 민턴은 장난스럽고 게으른 아이들이 얼버무리는 말에 일일이 대꾸하느라 시간을 허비하지 않았다. 그런 아이들은 민턴의 지시에 따라 자기 잘못을 고백하여 급우들의 동정을 샀다. 다른 과목 수업을 방해하려고 할 때면 학생들에게서 인기와 관심을 받은 것과는 사뭇 다른 반응이었다.

연말께가 되자, 민턴의 수업을 들은 학생 대부분은 수업에 대해 거의 같은 결론에 이르렀다. 민턴은 분명하고, 숙제가 많고, 공정했다. 수업에 집중한다면 성공하는 법을 늘 정확히 알 수 있었다. 민턴이 세운 명확한 수업 체계 덕분에 게으르고 산만한 아이들을 비롯해 모든 학생이 라틴어를 배울 수 있었다. 학생들은 민턴이 그렇게 온갖 세세한 것들에 열성적으로 관심을 기울일 만큼 괴팍한 사람이 아닌지 궁금해했다. 어쨌거나 질서정연한 체계, 훈육, 부지런함이 담긴 교훈은 라틴어의 유별난 동사 변용을 잊은 뒤에도 오랫동안 남았다.

# 상상력

Imagination

잘 알려져 있지는 않지만, 모든 훌륭한 가르침 뒤에는 자기가 가르쳤던 모든 학생을 위한 교사의 포부가 있다. 학생이 교실 문을 들어서기 전보다 지식을 좀 더 많이 알고, 삶에 마음의 문을 좀 더 넓게 열며, 세상을 좀 더 잘 이해하는 것. 따라서 훌륭한 교사에게는 학생의 처지에서 상상하는 능력, 학생이 지금 당장 알 수 없고 어쩌면 이전에 한 번도 경험한 적이 없는 다른 시대, 다른 장소, 다른 환경에 놓인 것처럼 상상하게끔 돕는 능력이 있다.

물리학, 문학, 수학 등 어떤 교과를 가르치든 교사는 학생 앞에서 자기를 잃어버린다. 학생이 교과를 공부할 때 자기를 잃듯이 말이다. 바로 이것이 윌리엄 제임스William James가《교사가 꼭 알아야 할 심리학 지식Talks to Teachers on Psychology》이라는 귀한 글에서 전하고자 한 내용이다.

이 글은 남성미가 강조되어 시대에 뒤떨어진 느낌이 나긴 하지만, 아무튼 그는 가르침에 관해 이렇게 썼다. 교사는 자기 수업에 학생의 관심이 온통 기울게끔 가르쳐야 한다. 그 순간 학생의 머리에서 다른 교과 생각이 완전히 사라질 정도로 말이다. 그래서 그 공부가 죽는 날까지 기억될 수 있을 만큼 인상적인 것임을 학생에게 드러내라. 마지막으로, 그 수업과 관련된 바로 다음 단계의 앎이 무엇인지 잔뜩 궁금해지게 호기심을 불러일으켜라.

제임스가 말하는 '관심state of interest'은 학생이 준비되어 있을 때만 생긴다. 마음이 아무런 준비도 되어 있지 않으면 학생은 그다지 배울 것이 없다. 그렇다면 교사는 어떻게 학생이 배울 준비를 하게 만들까?

먼저 교사는 학생의 주목을 끄는 방법, 학생이 열심히 공부하게 이끄는 방법, 그 결과 만족을 얻는 방법, 지식이 삶에 연결되게 돕는 방법을 상상해서 학생에게 흥미를 심어주는 법을 배워야 한다. 교사가 학생의 수업을 준비시키는 핵심은 학생들끼리 수업을 준비하는 것과 다르다. 훌륭한 교사는 학생이 자기 방식으로 배울 수 있게끔 학생 저마다의 다양한 관심사를 이용하려고 애쓴다.

타인이 삶을 초월하게 도우려면 그에게 맞는 지식을 전달하는 과업이 선행되어야 한다. 교사는 지식을 습득하는 게 무슨 뜻인지 학생이 상상하게 만들어, 지식을 얻고 싶은 마음이 생기게끔 이끌어줄 필요가 있다. 그렇게 하려면 교사들은 학생의 처지를 연민하는 마음을 지녀야 한다. 학생은 대체로 어리고 의존적이며, (교사보다) 상대적으로 지식이 적고 경험도 부족하기 때문이다. 학생은 도움이 필요하다. 교사는 학생을 어떻게 도와야 할지 알아야 한다.

상상력은 기억의 도움을 받는다. 교사는 자기가 힘들여 배우던 시기를 상기해내고, 지금 가르치는 학생의 나이 때 교사의 수업을 따라가고 이해하려다가 절망하고 실패했던 순간을 떠올려봐야 한다. 상상력은 측은지심으로 완전해진다. 또한 지식을 습득할 때 얼마나 많은 에너지를 소모하는지, 학생 대다수가 습관적으로 생각하는 태도의 문제점이 무엇인지 교사가 잘 이해해야 상상력이 완전해진다. 상상력은 가르침의 다른 어떤 요소보다 교사로 하여금 미성숙하고 지적 역량이 부족했던 어린 시절의 삶을 돌아보게 한다. 교사 앞에는 지적 역량이 부족했던 어린 시절의 자신과 같은 아이들이 앉아 있다.

상상하는 과정은 영화나 연극을 만드는 것과 같다. 감독은 청중이나 관람객이 감명받는 인상적인 장면을 기대하며 연기자들을 이끈다. 훌륭한 교사는 동일한 방법으로 연극 연출가나 영화감독이 이루려는 것과 같은 목적을 성취한다. 훌륭한 교사는 학생의 마음에 자신을 투사해 배움에 임하는 학생의 능력이 얼마나 될지, 수업 내용에 대한 학생의 반응은 어떨지, 학생이 지식을 어떻게 사용할지 미리 떠올려본다.

어쩌면 **'상상력이 빠진 가르침'**이란 존재할 수 없는 게 아닌가 싶다. 이 말은 그 자체로 모순인 셈이다. 상상력은 아주 단순한 가르침이라도 교사가 갓 자각한 상태에 이르게 한다. 상상력 없는 교사 또한 있기 마련이다. 이런 교사들은 학생의 마음과 정신을 이해하거나 그들의 마음에 다가가려 애쓰지 않는다. 그뿐 아니라 자기가 가르치는 교과에 혼신의 힘을 다하지도 않는다.

그러나 둔감하고 냉소적인 교사를 제외한다면 교사 대부분은 자신의 가르침이 효과적이라고 믿고, 자기 학생들이 잘 배우고 있으며, 설정한 학습 목표에 도달할 수 있다고 생각한다. 이런 믿음은 교사가 학생의 미래를 내다보고, 그들에게 가능한 전망을 분명하게 제시할 수 있는 명료성에 기반한다. 학생들은 자기가 무엇을 어떻게 성취할 것인지 아직 모르기 때문이다.

상상력은 교과와 관련된 문제에서 교사가 새롭고 매력적인 방법을 창안하고 사용하게 만드는 특질이기도 하다. 교사가 학생의 흥미와 관점에 적절하게 대응해야, 지식을 활용해 사실과 논쟁을 조합할 때 신선하고 독자적인 방식으로 접근할 수 있다. 곱셈표처럼 단순 사실로 구성된 학습 내용이라도 적절한 예시와 예증을 활용해야 호소력이 생긴다. 상상력을 발휘하려면 교과서의 내용, 정해진 수업 계획과 느슨한 거리를 유지해야 한다.

상상력이 풍부한 교사는 학생이 교과서를 접하기도 전에 관련 내용을 조명하고 분명히 설명한다. 덕분에 학생은 수업을 더 많이 준비하고 교사가 가르치는 교과에 마음을 열게 된다. 중요한 책을 다룰 때도 단순히 책의 내용을 앵무새처럼 읊는데 그치지 않고 훨씬 많은 것을 담아 전달한다. 말하자면 훌륭한 교사는 자기 학급의 학생들이 어떤 지식을 필요로 하고 그 지식을 어떻게 받아들일지 교과서의 저자보다 더 잘 아는 셈이다.

상상력이 풍부한 교사는 학생과 세상을 누구보다 잘 알고 있다. 그래야 교과 지식이 삶에 가까이 있다는 점을 학생에게 더 잘 설명해줄 수업 내용과 사례를 선정할 수 있다. 이때 교사가 쓸데없이 학생의 사적 영역에 침범한다고 볼 필요는 없다. 아니, 그렇게 보면 안 된다. 오히려 교사는 이 방법을 잘 활용해 학생이 새로운 배움과 이해에 도달하게 돕는다.

범위와 종류가 무한한 상상력을 가르침에 어떻게 활용할 수 있을까?

**가르침에서 상상력은 지식을 잘 전달할 수 있다는 자신감에서 비롯된다.** 교사는 희망 없이 가르칠 수 없다. 교사는 학생들이 지식에 집중하고 자기와 비슷한 수준의 이해에 도달하게끔 자신감을 심어주는 일이 효과적이라고 믿어야 한다. 교사는 눈에 잘 띄지 않는 작은 단점이나 틈새도 늘 있다고 여겨야 한다. 단점이나 틈새는 사람들의 마음과 마음이 서로 대화할 수 있는 길을 넓혀준다.

또한 교사는 어떤 학생에게나 지식을 쌓는 능력이 내재되어 있다고 믿어야 한다. 그리고 학생들이 어떻게 지식을 배울 수 있는지, 최고의 방법은 무엇인지 보여주어야 한다. 초급 스페인어 교사는 자기 수업시간에 학생들의 스페인어 실력이 훨씬 늘어날 것을 잘 알고 있다. 학생보다 더 크게 기대하면서 말이다.

그런데 과연 어떤 학생이 이 배움의 가능성을 믿겠는가. 대부분의 학생들은 이렇게 아우성을 칠 것이다. "이거 너무 어려워요. 도저히 이해가 안 돼요. 아마 절대 못 배울 거예요." 이때 교사는 이렇게 반응해야 한다. "잘 알아. 나도 처음에는 그랬단다. 시작할 때는 불가능해 보이는 게 당연해. 하지만 잘 봐봐. 그리 어렵지 않아. 나도 배울 수 있었잖니. 자, 내가 설명해줄게. 물론 너희는 다 잘 이해할 수 있을 거야. 어떻게 배우게 되는지 보여줄게."

**상상력이 풍부한 교사는 배움에 임하는 자기만의 방법을 찾는다.** 이런 방법을 찾는 것은 가르침의 진정한 기예art가 된다. 다른 사람의 배움을 돕는 길은 수없이 다양하기 때문이다. 교사는 매번 다른 학생, 다른 학급, 다른 교과와 상황에 직면해 지식을 전달하는 최고의 방법이 무엇인지 늘 고민한다. 이런 고민은 교사마다 다르다. 교사는 자기에게 주어진 새로운 여건을 짚어가면서 학생 한 명 한 명이 저마다 다른 존재임을 명심해야 한다. 그렇다고 아주 다르지는 않지만 말이다. 새로운 환경에 놓인 교사는 항상 생동감이 넘쳐야 한다.

상상력은 가르침에서 가장 많이 요구되는 요소다. 교사가 학생의 기분, 성숙도, 적성, 태도, 인성 등을 평가하고 재평가할 때 엄격하고 지속적인 방식으로 하는지 여부가 가르침의 성공 열쇠다. 학생을 잘 아는 것, 학생의 마음이 어떤지 잘 이해하는 것, 학생의 한계와 부족함이 무엇인지 꿰뚫는 것, 이 모든 요소가 탁월한 가르침에 꼭 필요하다. 이때 상상력을 발휘해야 모든 것을 이룰 수 있다.

교사의 가르침은 교사 자신의 삶을 풍부하게 하지만, 학생들의 삶은 반드시 지식으로 변화되어야 한다. 이를 실현하려면 교사는 학생의 마음에 자기를 투사할 수 있어야 한다. 그럼으로써 상상력이 풍부한 교사는 새로운 지적 모험에 맞닥뜨릴 때 난관과 혼동을 내다보고 없앨 수 있을 만큼 학생을 잘 알아야 한다. 어쩌면 학생이 지식을 마주할 때 뒤따르는 난관과 어려움을 인지하기도 전에 말이다.

그러나 주도면밀하게 계획하는 일은 즉각적으로 발생하는

행위, 즉 계획되지 않거나 훈련되지 않은 편안함과 적절히 조화를 이루어야 한다. 이를 위해 교사는 실험과 놀이라는 허가받지 않은 비행에 착수하겠다는 자신감도 필요하다. 생동감과 매력은 비행기가 덜컹거리며 착륙할 때 느끼는 짜릿함을 경험하게 도와주기 때문이다. 조금은 위험해 보이는 비행이라도 학생들이 공부하는 교과와 밀접하게 관련되어 있다면, 이러한 활동이 만들어내는 흥분과 열광은 그만한 가치를 보여줄 것이다.

**상상력은 학생의 미래를 시각화하는 것을 뜻한다.** 가르침은 가르치기 위한 행동과는 다르다. 가르침은 언제나 사고와 통찰의 무한한 가능성의 세계로 학생을 초대한다. 가르침의 목적은 학생의 마음과 정신을 풍부하게 만들어 아이들이 자기 삶을 이해하고 충만한 삶으로 나아가게 하는 데 있다. 교사는 학생이 어떻게 그런 삶을 살지, 얼마나 잘하게 될지 미리 알 수 없다. 그러나 교사가 가르치는 지식이 수업에 참여하는 학생에게 어떤 의미가 있는지 마음에 그려보게 하는 것은 교사 손에 달려 있다. 좀 더 분명히 말하자면 교사의 책임이다.

학생들이 지식에서 어떤 의미를 찾는지, 학생의 이해를 돕기 위해 지식이 어떻게 작동하는지 마음에 그려보게 하는 것

또한 매우 중요하다. 즉 교사는 특정 지식을 학생의 삶에 연결 지어 그 지식이 삶에 어떻게 영향을 끼치는지 보여주어야 한다. 또는 아주 어려운 학습 과제를 해내는 것이 학생의 꿈을 달성하는 데 어떻게 관련되는지 보여주고 예측할 수 있게 도와야 한다. 예를 들어 비즈니스에 관심 있는 학생에게 수학의 방정식이 앞으로 어떤 도움이 될지, 외교관이 되려는 학생에게 다른 나라의 역사가 어떤 의미인지 말이다. 이때 지식은 학생의 마음뿐 아니라 삶 속에 어떤 가능성이 펼쳐질지 엿볼 수 있게 돕는다. 결국 가르침은 학생들이 미래로 향하는 열쇠가 되어주고 또 미래에 도달할 수 있게 도울 것이다.

**상상력은 학생의 필요와 반응을 머릿속에 그리는 것이다.** 셰익스피어는 《한여름 밤의 꿈 A Midsummer Night's Dream》에서 이렇게 말했다. "상상력은 알려져 있지 않던 형상을 구체화한다." 우리가 이미 잘 알고 있듯, 알려지지 않은 무엇은 희망을 자아내는 것만큼 두려움도 쉽게 자극한다. 교사는 학생들이 아직 모르는 어떤 것을 매력적이고 긍정적인 형상으로 보여주어야 한다. 학생들이 낯선 장애물에 가로막혔을 때 느낄 막막함을 교사가 이해한다면, 학생들은 과업을 마치기 위해 교사의 도움을 받을 수 있다.

교사는 학생이 새로운 교과 지식을 습득하고, 활용하며, 세상에 대한 자기만의 관점을 만들 수 있다는 확신을 심어주어야 한다. 교사의 경험과 지식에 토대한 자신감은 전염성이 강하다. 상상력은 이 일이 가능하게끔 작동한다. 학생이 교사에게서 이런 자신감을 엿본다면, 학생은 배움과 인생의 성공을 향한 자기 능력에도 자신감이 생길 것이다.

**상상력은 교과의 교수법을 향상하고 또 수월하게 만든다.** 수업에 새로운 주제를 접목하는 것은 늘 어렵고 민감한 문제다. 교사는 학생들이 새로운 교과에서 받을 충격에 어떻게 대비해야 하는지 달리 도와줄 방법이 없다. 예를 들어 영어 문법 교과서에서 분사 구문이 실린 장은 개념, 분사 구문의 형태, 사례를 보여주고 문장 속 현재분사 verbal adjective • 활용의 몇몇 규칙을 설명한다. 어쩌면 그 장은 '현수분사' •• 를 조심하라는 경고성

---

• 명사나 명사구, 동사나 동사구를 수식해주는 말.

•• "현수분사구문은 분사구문의 의미상 주어가 현수막처럼 공중에 붕 떠 있다고 해서 Hanging [Dangling] Participle Construction이라고 하는가 하면, 의미상 주어가 헷갈린다고 해서 Confused Participle Construction이라고도 한다. 주절의 주어와 관련이 없다고 해서 Misrelated[Unattached] Participle Construction이라고도 한다"(이윤재, 〈내 손안의 영어를 위한 전략〉, https://shindonga.donga.com/3/search/13/105925/1).

문장으로 끝날지도 모르겠다. 이때 교사가 영어 문법을 있는 그대로 잘 전달하는 것만으로는 학생의 이해를 높여주기에 부족하다.

상상력이 풍부한 교사라면 학생의 삶을 잘 묘사해줄 수 있는 문장을 통해 분사 구문의 기능을 좀 더 깊게 가르칠 것이다. 예를 들어 'watching television, eating lunch, driving cars, reading books'처럼 적절한 구문 목록을 만들 수도 있다. 또한 동명사gerund와 현재분사가 어떻게 구분되는지 짚어줄 것이다. 학생 중에는 이렇게 말하는 친구도 있을 것이다. "글 쓰는 책상a writing desk은 글을 쓰기 위해 고안된 책상a desk designed for writing입니다. 그렇다고 'a writing student'가 '글을 쓰기 위해 만들어진 학생'이라는 뜻은 아니죠. 즉 훌륭한 교사는 학생이 겪을 어려움을 미리 상상해봄으로써 학생이 낯선 것에 익숙해지고 분명히 이해할 수 있게 도와야 한다.

**가르침에서 상상력은 창의적이되 성공적이어야 한다는 뜻이다.** 상상력이 풍부한 교사는 예술로서의 가르침을 통해 학생에게 전에 없던 특질을 길러준다고 믿는다. 잘 가르치는 교사는 불확실한 것을 지식으로 바꾸려고 날마다 애쓴다. 이것은 무(無)

에서 유(有)를 만들어내려는 연금술과도 같은 노력이다. 이러한 독특한 성공 하나하나에는 예측 가능성이 들어 있다. 이 같은 성공 효과를 보려면 천편일률적인 것에서 벗어나고 관례적인 행태를 전환해야 한다. 여기에는 위험이 따른다.

교사는 수업 첫 시간부터 모든 학생이 F학점에서 시작해 좀 더 나은 학점을 얻기 위해 노력한다거나 반대로 모두 A학점에서 시작해 학점을 유지하도록 노력해야 한다고 안내해야 한다. 만약 어느 날 창의적인 수업을 시도했다가 실패한다면 교사는 바로 다음 날 또다시 상상력을 동원해 더 효과적인 길을 찾아내면서 성공적인 교수 학습에 만전을 기해야 한다. 교사는 학생이 공부에 온 관심을 쏟게 하기 위해, 공부를 향한 학생의 열정을 격려하기 위해, 배움을 불러일으키기 위해 이런 방법을 찾는다.

**상상력은 가르침에 감탄과 흥분을 불러온다.** 가르침과 배움에 예측 가능성은 필수 요소다. 특히 저학년 학생들에게는 더욱 그렇다. 학생들은 상상을 자기만의 것으로 간주하는 경향이 있다. 학생들에게 상상이란 예측 불가능하고 환상적이며 신비롭고 꾸며낸 것을 의미한다. 그렇게 상상하면 안 되는가? 학생들 사이에서 "자, ······인 척해볼까?"로 시작하는 게임이나 "한 번 ······라고 생각해봐" 하는 공상 여행은 아주 흔하다. 학생들은 교사에게서 상상의 힘을 발견할 때 감탄과 흥분을 감추지 못한다.

상상력이 풍부한 교사들은 이론에 생명을 불어넣는 사람이다. 이런 교사라면 인간성이 사라져버린 역사적 인물에게 옷을 입히고, 얼굴에 화장을 해주고, 가면도 씌워준다. 또한 현장 탐방을 기획해 학교 주변의 자원까지 배움의 장으로 바꿔놓을 수도 있다. 상상력은 배움과 경험을 결합해주는 것으로, 학생은 상상력을 통해 자기가 상상할 수 있는 범위를 훨씬 넘어선다. 상상력이 상상력을 자극하고 타오르게 하는 것이다.

가르침은 늘 신념에 가득 찬 행위다. 교사는 가르침을 통해 다른 사람에게 상상의 도약을 끊임없이 요구한다. 학생은 이 요구에 부응함으로써 배우고 살아가고 생각하고 느끼는 데 무엇이 가능한지 생각하게 된다. 교사는 광활한 가능성의 땅에 과감히 발을 들여놓을 필요가 있다. 교사는 학생의 손이 닿을 만한 곳에 어떤 두려움도 머무르지 않게 애써야 한다.

훌륭한 가르침은 두려움을 꼭 묶어두는 교사의 능력 덕분에 전도자의 신앙처럼 절대 거부할 수 없는 것이 된다. 이런 힘은 지식과 이해가 삶을 풍부하게 만든다고 믿는 교사의 신념에서 비롯한다. 관성적인 완고함이 점차 커지는 마음에 맞서 저항하더라도 말이다. 교사는 효과적인 가르침의 원천과 자원을 끊임없이 보충해야 하고, 학생이 지식을 통해 무엇을 꼭 알아야 하고 성취해야 하는지 제대로 생각하게끔 이끌어야 한다.

가르침에서 상상력은 무엇을 실현하는 것보다 실현되지 않고 잠재된 것과 관련이 깊다. 매 수업에서 교사는 상상력을 통해 이룬 성취를 다음 도전에서 도달할 목표를 위한 초대장으로 여긴다. 그리고 아직 실현되지 않은 것을 실현해내는 그림을 마음에 품게 만든다. 가르침의 다른 요소처럼 상상력도 통찰과 정신의 특성이다. 교사는 이 상상력을 반드시 내면에서 끄집어내야 한다.

— ✦ —

풍부한 상상력은 매슈 밀스타인Matthew Millstein이 교사로서 지닌 가장 탁월한 특성이다. 그는 대학 1학년 작문 수업에서 온 열정과 노력을 쏟아 학생들의 작문 실력을 향상하려고 한다.

그의 열정은 마치 생일 파티에서 아이스크림을 공략하려고 달려드는 7세 아이와도 같다. 일반적으로 대학 1학년 작문 수업은 담당 강사들에게 그리 달가운 강좌가 아니다(언젠가 누가 말한 바대로, 신이 대학원생을 창조한 이유이기도 하다). 그러나 밀스타인 교수도 잘 알고 있었듯 작문 강좌에는 성경 구절처럼 목에 맷돌을 매달아야 하는 고된 노력이 필요하다. 목에 맷돌을 매달고 싶어 하는 사람이 누가 있겠는가? 그러나 밀스타인 교수는 자기 일을 사랑했고 동료들의 시기심을 살 만큼 모든 강좌에 생동감과 활력을 불어넣었다. 안타깝게도 동료들의 시기심은 본보기를 따르려는 경쟁심으로 이어지지는 않았다.

흔히 그렇듯 작문하는 데 가장 큰 도움이 필요한 사람은 작문 수업을 가장 싫어하는 사람이다. 작문 수업이 필수적으로 개설되는 이유 또한 이런 사람들 때문이다. 따라서 작문 수업을 담당하는 교사들이 마주하는 문제는 교육과정의 다른 영역에서는 보기 어려운 것이다. 그러나 밀스타인 교수는 자기 앞에서 잔뜩 화가 난 수강생들에게 기쁜 마음으로 도전 과제를 던진다. 그리고는 학기말이 되면 가장 못나고 무지한 개구리들을 똑똑하고 멋진 왕자와 공주로 바꿔놓았다.

이런 마법이 가능한 이유는 밀스타인 교수의 상상력 덕분이었다. 밀스타인 교수는 강의 첫 시간에 만나는 학생들에게 "내가 여러분의 미래를 예측해보자면, 여러분 모두 작가가 되어 작품을 많이 쓰고 또 출판에 성공할 겁니다"라고 말했다. 그리고 대리석 덩어리를 바라보자마자 쓸데없는 조각들을 파내 그 안에 숨어 있던 석상을 발견해내는 미켈란젤로 이야기를 시작했다. 그는 자기 일이 미켈란젤로처럼 학생과 학생의 작문 실력 사이에 놓인 장애물을 제거하는 것이라고 여겼다.

"어떤 장애물이 우리 앞에 놓여 있는지 알아내기 위해 여러분 모두의 글쓰기 견본이 필요합니다. 절대 짧은 글은 안 돼요. 주의하세요. 분량은 여러 페이지여야 하고, 여러분이 다른 강좌에서 써야 하는 복잡한 주제에 관해 되도록 자세히 써야 합니다. 어떤 전공을 선택하든 상관없습니다. 여러분의 작문에 가능하면 많은 실수와 오자, 신조어, 기괴한 문장 형태, 문법적 오류 등이 포함되기를 바랍니다. 채석장에서 막 떼온 대리석 조각 같은 글을 제출하면 됩니다. 부디 제가 수면 밑에 숨은 여러분의 아름다움을 발견하는 조각가가 될 수 있게 도와주세요."

자기가 가르치는 모든 학생이 성공한 작가가 될 운명이라는 밀스타인 교수의 신념은 아무리 서투르고 미숙한 글이라도, 아무리 형편없는 문장으로 이어진 글이라도, 학생들이 처음으로 노력을 기울여 쓴 글에 정말 관심이 많다는 뜻이다. 그의 코멘트와 비평은 언제나 고무적이며 학생 한 명 한 명과 끊이지 않는 교류를 나눴다. 그가 맡은 강좌의 수강생이 한 반에 평균 35명이나 되는데도 말이다. 물론 여기에는 인내가 필요한 독불장군식의 과도한 업무가 뒤따랐다.

밀스타인 교수의 코멘트가 담긴 답변은 손으로 직접 쓴 것이 많았지만, 그는 주로 이메일 소통을 선호했다. 대개 학생들이 과제를 제출하는 것과 똑같은 방식으로 학생에게 답변하여 격려를 이어갔다. 이렇게 개인과 개인의 교류로 진행하는 작문 지도는 일주일에 두세 번 정도 치러졌다.

난해한 주제를 다루는 밀스타인 교수의 수업 발표는 늘 새로운 접근으로 학생들에게 조명받았다. 신종 교수법은 그가 수업에 적용하기 전부터 오랫동안 마음에 품어오면서 시도한 것들이었다. 예를 들어 복합문complex sentences을 다루는 부분에서는 간접화법과 간접 의문문을 설명하고 관계대명사를 이해하기 쉽게 풀어준다. 밀스타인 교수는 이런 구문을 가르칠 때 대체로 부사구로 기능하는 종속절 9가지를 설명했다. 학생들이 이것들을 다 기억하는 데 어려움을 토로하면, 미리 준비해둔 기억을 돕는 일종의 시구를 가르쳐주었다.

Come, Cuthbert, Cause Paul Pleasure;

Tread Round a Roguish Measure!

아무 의미가 없어 보이는 한 쌍의 시구는 종속 부사절의 9가지 형태를 지칭하는 개념, 즉 conditional[조건], concessive[양보], comparative[비교], purpose[목적], place[장소], time[시간], result[결과], reason[이유], manner[양태]의 첫 글자를 가리키는 것들로, 학생들의 암기에 도움을 주었다. 밀스타인 교수는 이런 내용이 모든 사람이 꼭 알아야 할 만큼 아주 중요하기 때문이 아니라 자기가 정말 사랑하는 언어의 복잡성을 보여주려고 가르쳤다. 그러나 그가 가르친 학생들은 수업 내용을 거의 잊지 않았다. 비록 대다수는 작가가 되지 않았지만 말이다.

밀스타인 교수의 강의에서 글쓰기는 각자를 위한 것이기도 하지만 출판을 최종 목표로 삼았다. 교수는 학생들에게 대학 신문사에 편지를 쓰거나 글을 보내기를 제안하고 격려했다. 학기마다 학생들이 쓴 서너 편의 작품이 지방 언론사에서 출판되곤 했다. 밀스타인 교수는 대중적인 글쓰기를 위해서 신문이나 월간지 등을 자주 활용했다. 거기다 여러 신문과 잡지에 실린 자신의 편지글이나 평론을 수업시간에 챙겨와 예시로 보여주기도 했다.

밀스타인 교수의 강의는 잘 정돈되고 계획 또한 분명하게 제시되었지만, 종종 새로운 교수 방법이 도입되면서 감탄과 흥분이 가득 넘쳐났다. 학생들은 수업이 어떻게 진행될지 알기 어려웠다. 밀스타인 교수는 문법적 문제를 분명하게 짚어내고 글의 형식이 갖춰야 할 문제를 설명하는 데 온갖 방법을 동원했다. 우스꽝스런 모자를 쓰고 들어온다거나, 노래 부르고 춤을 추는가 하면, 학생들이 진행하는 게임을 하기도 하고, 마술을 선보이고, 토론에 참여한 학생들에게 보상으로 사탕을 나눠주기도 했다.

이러한 활동이 학생들의 글쓰기 실력을 키워준다면 누구도 교수법을 지나치다거나 엉터리라고 놀릴 수 없을 터였다. 밀스타인 교수는 수업을 통해 달성하려는 목표가 무척이나 진지하고 분명했기 때문에, 교수법이 기묘하다는 이유로 권위를 잃지는 않았다. 오히려 명성과 존경을 얻었다. 특별한 교수법을 접하는 학생들이 느끼기에 밀스타인 교수는 강의를 위해 누구보다 많은 시간을 쓰고 또 노력을 기울이는 사람이었기 때문이다.

밀스타인 교수는 학생들의 반응이 어떨지 재빨리 알아채서 마음을 읽는 점쟁이라는 평을 듣기도 했다. 학생들이 어떤 질문을 할지 예측한다거나, 어떤 불평불만을 늘어놓을지, 어떤 어려움에 봉착할지 잘 아는 듯했다. 교수는 자기가 학생 시절에 겪었던 일을 잘 기억해내기 때문이라고 설명했다. 그는 아주 오래전에 겪은 혼란과 어리석은 일을 자기 수업시간에 떠올릴 준비가 되어 있었다.

그는 학생들에게 이렇게 이야기하곤 했다. "고교생 시절, 내 작문 실력은 엉망이었어요. 그때 국어 선생님한테 내가 뭘 써야 하는지 질문했는데, 선생님은 나를 따로 불러내서는 메모지의 한 면으로도 충분할 거라고 조용히 대답해주셨죠."

"또 다른 날, 내 작문 실력을 향상하려면 무엇을 해야 하는지 질문했어요. 그랬더니 선생님은 그 자리에 앉아 한동안 생각에 잠기시더군요. 내 머릿속에는 선생님이 내 질문을 듣지 않았다는 생각이 들었어요. 그런데 그 순간 얼굴에 미소를 띠더니 한마디 하셨죠. 쓰레기를 태우는 것incineration."

그렇다고 밀스타인 교수가 떠올리는 학생 시절의 이야기가 전부 시시한 것은 아니었다. 그는 자기가 분리 부정사●라든가

---

● to- 부정사 용법에서 to와 동사 원형 사이에 부사가 끼어 있는 경우를 분리 부정사라고 한다.

현수분사를 이해하는 데 얼마나 애먹었는지, 지금은 은유법을 지나치다 싶을 만큼 많이 쓰지만 처음 들었을 때 어떤 혼란을 겪었는지 설명했다. 그는 학생들에게 은유법을 적절히 쓰는 법을 가르침으로써 효과적인 글쓰기에서 이를 양날의 칼이 아닌 진정한 무기로 삼을 수 있게 만들었다.

밀스타인 교수의 학창 시절 경험은 학생들의 비웃음을 사기도 했지만, 적어도 같은 실수를 되풀이하지 않을 수 있었다. 그는 교실 뒷줄 의자에 앉아 자기 말을 가리키며 이렇게 외치곤 했다. "좋아, 데이비드. 'He threw his eyes around the room and nailed them on the door.' 이 문장에서 도대체 뭐가 잘못됐을까요?" 그러면 데이비드는 자기 생각을 종합해 은유법이 뒤죽박죽으로 섞인 이 문장의 어처구니없는 실수를 말했다.

모든 것은 학생이 자기를 따라잡기 위해 경주해야 한다는 밀스타인 교수의 상상력이 지닌 기세와 창의성 덕분이었다. 학생들이 아무리 이 도전을 힘들다고 생각했어도, 어떻게든 성공하려고 애쓴 끝에 더 많이, 더 지적으로, 더 정확하게 쓸 수 있게 되었다. 20여 년에 걸쳐 글쓰기 강의를 한 뒤, 밀스타인 교수에게는 자기 수업을 듣고 작가가 된 학생들의 긴 명부가 생겼다. 학생들이 자기 강의에서 실수 하나 없는 지적인 글

을 쓸 수 있게 배우기도 전에 벌써 학생들을 미래의 작가로 상
상해놓았기 때문이다.

# 연민

## Compassion

　전문가로서 취해야 할 행동에 관한 대화를 살펴보면, 종종 감정을 다루는 것이 부적절하다고 퇴짜 맞기도 한다. 그러나 가르침을 유발하고 자극하는 주요 감정이 있다는 사실을 인정하지 않고 어떻게 가르침을 이해할 수 있겠는가. 감정은 머리뿐만 아니라 가슴에서 샘솟는 학생을 위하는 깊은 염려이자, 어린 학생들이 천성적 나약함을 극복하고 무지를 쫓아내도록 돕는 떨쳐버릴 수 없는 욕구다.

　세상에서 가장 잘 알려진 위대한 인물 중 하나인 예수는 홀

룡한 교사였다. 그는 자신의 가르침을 듣겠다고 찾아온 사람들이 겪는 혼돈과 불행을 목도하고는 가슴이 미어져 펑펑 울었다. 마태는 예수에 관해 이렇게 적었다. "예수께서 무리를 보시고, 그들을 불쌍히 여기셨다. 그들은 마치 목자 없는 양과 같이, 고생에 지쳐서 기가 죽어 있었기 때문이다."●

교사에게 직업이 무엇인지 물어보면 흔히 특정 교과목을 가르친다고 소개한다. "저는 영어를 가르칩니다." "저는 라틴어를 가르쳐요." 그러나 이런 표현에는 너무 많은 것이 생략되어 있다. 무엇을 가르친다는 표현은 자기가 학부생들에게 영어를 가르치고 있다거나 고등학생들에게 라틴어를 가르친다는 사실만 전할 뿐이다.

대부분의 교사들이 가르침을 직업으로 삼는 이유는 청소년을 향한 대단한 애정이 있었기 때문이라기보다는, 자기가 가르치는 언어나 과학이 다른 사람, 특히 어린 학생들의 마음을 키우는 데 중요하다고 믿었기 때문이다. 아니면 자기 수업을 듣는 학생들에게 지식을 전달할 수 있다고 여겼기 때문일 것이다. 훌륭한 교사에게는 자기 교과 지식을 전달하겠다는 깊은 열정이 있다. 이들은 스스로의 노력이 멈추지 않게 선교

● 〈마태복음〉 9장 36절(표준 새 번역).

사와 맞먹는 강도의 열정으로 매번 마음을 다잡는다. 어린 학생들의 무지에 대한 감정적 반응, 바로 이것이 교사의 연민이다. 따라서 가르침에서 연민은 단순히 따뜻한 마음만을 뜻하지 않는다. 연민은 무지와 싸우고 지식을 채워 넣으며, 지적 혼란과 의심이 분명한 학생에게 질서와 확신을 쌓아주려는 욕구를 품게 한다.

**연민**은 가르침의 이러한 특성을 매우 적절하게 보여주는 단어다. 이 말에는 나눔과 함께 경험이 내포되어 있다. 영어 compassion의 라틴 어원에는 **'더불어 괴로워하는'**이라는 뜻이 담겨 있다. 따라서 가르침에는 연민이 내재한다. 교사는 배움에 임할 때 반드시 겪어야 하는 역경과 난관에서 절망, 후회, 고통을 학생과 더불어 나누기 때문이다.

교사들은 학생과 같은 감정이 아니라 자신이 학창 시절에 겪었던 난관을 기억해내고 회상함으로써 마음이 움직인다. 자기 교과 영역에서 지금의 지적 수준에 도달하기까지 얼마나 힘들었는지 잊어버린 사람은 결코 성공적인 교사나 행복한 교사가 될 수 없다. 정말 멋진 피아노 선생님은 다섯 손가락으로 처음 연습하던 때의 난관을, 음계를 익히는 고통을, 샵(#)이나 플랫(♭) 표시가 세 개 이상 되는 악보를 연주하면서 빠져들었던 절망감을 잘 기억한다. 연민이 많은 교사는 어린 시절에서 소환한 기억 덕분에 진부하고 지루한 경험 없이 수업을 반복적으로 진행해갈 수 있다. 물론 교사의 경험은 학생의 경험과는 다르다. 둘의 경험은 절대 같지 않다. 어려움과 당황스러움의 감정을 제외하면 말이다. 연민이 많은 교사는 거듭 학생들과 더불어 괴로워한다.

경험에서 비롯한 배움이 통제되고 억압되며 아무리 드러나지 않는다 해도, 기예로서의 가르침은 같은 경험을 나눈다는 생각 없이는 성공할 수 없다. 마태가 예수를 대하던 감정과 비슷한, 크게 번민하는 감정이다. 신약에 등장하는 '불쌍히 여기셔서'에 해당하는 그리스어가 애초에 의미하는 바는 '내장을 먹다 to eat the inner organ'인데, 흔히 '비탄에 잠기다 to eat one's heart out'라는 뜻으로 표현된다. 내장에 심장이 포함된다고 하면, 이는 '감정을 느끼다' '연민을 품다'를 은유적으로 표현한다. 그리 가벼운 기분이나 지나가는 공상이 아니라, 누구를 못살게 구는 난관을 잘 인지하고 강력하게 대응하는 상태다. 교사는 이런 난관이 만들어내는 감정적인, 가끔은 신체적인 소진에 대해 잘 안다.

효과적인 가르침에 이런 요소가 중요하다면, 아니, 정말 결정적이라면, 연민은 교실에서 어떻게 표현되어야 할까?

**연민은 교사가 학생들이 누구인지 알아야 한다고 요구한다.** 첫 단계는 수업 첫날 학생들의 이름을 외우기 위해 아주 간단한 활동을 하거나 설문 문항을 작성하는 것으로 시작한다. 학생들이 저마다 얼마나 다른지, 학생들의 마음은 어떠한지, 학생들의 세계관과 경험은 어떤지, 학생 개개인의 특별히 뛰어난 장점이나 단점은 무엇인지 알아나갈 수 있다. 이런 요소들을 무시하는 교사는 학급에서 이른바 문제아라든가 모범생만 알게 된다. 대체로 양극단 사이에 있는 다른 학생들은 교사가 자신이나 자신의 성취에 별 관심이 없음을 눈치채며, 이러한 생각은 결국 학교생활에 반영된다.

**연민은 성취 기준을 높게 유지하라고 요구한다.** 연민은 학생들의 학업 성취 기준을 낮추거나 학생에 대한 책임 방기를 넌지시 건네는 말이 아니다. 오히려 정반대다. 연민은 학생들이 도전 과제를 해결하려고 열심히 노력할 때, 교사가 학생의 수고와 괴로움을 이해하는 데서 생겨난다. 진정한 연민은 한 사람이 다른 이의 어려움을 확인하는 것으로, 스스로 어려움을 부인하지 않고 온전히 인정하게 이끈다. 사실 교사는 학생들이 맞닥뜨릴 어려움을 정확하게 제시하고, 그들에게 목표와 동기, 격려, 보상을 제공해야 할 책임이 있다. 그럼으로써 학생은 자신의 무지와 순간적인 무력함을 극복하고 더 많은 것을 알아나갈 수 있게 된다.

연민을 자선charity과 혼동하면 안 된다. 이것은 오늘날 가르침에서 아주 흔히 나타나는 오해 중 하나다. 교사는 배움의 수준을 높으면서도 합리적으로 제시해 학생들이 지키게 만들고, 이 수준에 도달하고자 고군분투하는 학생에게 연민을 보여줌으로써 경의를 표한다. 그 과정을 좀 더 쉽게 만들어주겠다며 학생을 향한 교사의 기대 수준을 낮추는 것은 연민이 아니다. 태만한 태도의 생색내기에 불과하다.

연민이 가득한 교사는 오히려 학생이 흥미를 보이는 분야에서 적절하게 높은 기준을 부과한다. 교사는 오로지 학생들이 도전에 응하게 함으로써 진정한 연민을 발휘할 수 있다. 이것이 바로 학생이나 사회에 심각한 해가 될지도 모르는 무지에서 학생들을 구하겠다는 결연함이다. 학생들이 '힘들지만 공정하다tough, but fair'고 느끼는 것이 곧 가르침을 달성하게 돕는 최고의 방법이다.

**연민은 교사가 학생 처지에 서보기를 요구한다.** 교사는 학생의 처지에서 생각해봄으로써 학생이 맞닥뜨린 어려움과 그때의 반응을 예측할 수 있다. "네 대답이 틀리긴 했지만 왜 잘못된 대답을 했는지 이해할 수 있어. 왜 그런지 설명해줄게." 동정하는 교사라면 이렇게 말할 것이다. 이 교사는 뭔가를 배워야 하는 학생의 문제를 상상하려고 노력한다. 학생의 눈을 통해 배움과 그 과정에서 겪는 문제를 보려고 애쓰는 것, 학생의 마음을 들여다보고 혼돈과 욕구를 이해하려고 하는 것. 교사는 이런 노력을 통해 학생들이 던지는 질문을 내다볼 수 있고, 학생이 자기 앞에 우뚝 선 난관을 이해하고 식별할 수 있게 돕는다.

교사는 학생이 과제를 하면서 어떤 문제에 봉착했는지 알려달라고 질문함으로써 학생 내면의 혼돈을 확인한다. 이것이 바로 자신의 연민을 내비치는 방식이다. 또는 학생과 개별 면담을 하면서 학생이 급우들과 함께 있을 때 인정하고 발언하기 어려웠던 오해나 어려움을 끄집어내줌으로써 자신의 연민을 표현할 수 있다. 교사는 학생의 공부 결과를 놓고 비판하면 안 된다. 단, 학생의 성과를 평가할 때는 정직하고 공정해야 하며, 어떤 비행이나 잘못된 행동에 대해서도 질책을 잊으면 안 된다. 이것이 연민의 진정한 의미다.

**연민은 칭찬을 유쾌한 것으로, 처벌을 기꺼이 받아들이게 만든다.** 가르침에서 당근과 채찍은 균형 잡힌 방식으로 조심스럽게 이루어져야 한다. 연민이 많은 교사는 칭찬과 처벌이 어느 정도로 사용되어야 하는지 알고 있다. 교사는 학생 개인의 공부에 대한 비판이 당사자뿐만 아니라 함께 공부하는 학생들을 낙담하게 하거나 겁먹지 않게 해야 한다.

연민이 많은 교사는 윤리적인 문제로 비밀이 보장되는 환경에서만 학생을 질책하려고 최대한 노력한다. 급우들이 보는 앞에서 칭찬받는 것은 정말 큰 보상이 아닐 수 없다. 그러나 많은 사람이 보는 앞에서 혼나는 일은 비난당하는 모욕이 더해지는 것이므로, 잘못 자체에 견주어 너무 큰 값을 치르는 셈이다. 훌륭한 교사는 학생의 잘못을 바로잡는다. 단, 반드시 학생의 위신과 자존감을 지켜주면서 올바르게 고친다.

**연민은 편애를 피하라고 한다.** 교사의 연민은 학생 대다수에게 공통된 것으로, 언제나 모두에게 동등하게 적용되어야 한다. 연민 가득한 교사는 어떤 학생에게도 호의나 비난을 특정해 표현하지 않는다. 따라서 연민은 윤리와 마찬가지로 교사가 학생들을 공정하게 대하게끔 만든다.

물론 교사가 책임을 다하려고 해도 한 학급의 학생들을 모두 같은 방식으로 다룰 수는 없다. 다른 사람보다 더 많은 관심이 필요한 학생이 있기 마련이다. 어떻게든 잘해내는 학생이 있는가 하면 특별한 보살핌 없이는 잘 배우지 못하는 학생이 있다. 연민은 걱정과 관심에서 동일한 수준을 요구하지만, 교사의 시간을 모든 학생에게 완전히 똑같이 나누어야 한다는 것은 아니다. 그보다는 학급의 어떤 학생도 소홀히 여겨진다거나 배제된다고 느끼게 하면 안 된다는 뜻이다.

연민이 있는 교사는 종종 학급에서 이루어지는 활동이나 공부에 온갖 이유로 참여하지 않으려는 학생을 찾아내야 할 때가 있다. 교사에게 더 많은 관심이 필요하다고 신호를 보내고 싶지만 쉽사리 앞으로 나서지 못하는 학생들은 어느 학급에나 있다. 또한 불쾌하고, 경솔하며, 버릇없는 행동으로 교사의 감정을 자극해 결국 빈정대거나 적대감을 드러내게 하는 학생도 있다. 교사가 학생을 대할 때, 학생 자체와 학생의 행동을 구분하는지 여부가 진정한 연민을 시험하는 잣대가 된다.

**연민은 고군분투하는 학생들의 모습을 교사가 제대로 알아보게 한다.** 연민을 지닌 교사는 학생의 노력을 솔직하고 있는 그대로 인정하는데, 이런 연민은 배우려고 노력하는 학생이 교사의 요구를 묵묵히 받아들이게 돕는다. 학생의 노력을 깔보는 교사, 성취를 깎아내리거나 조롱하는 교사보다 학생들의 학습에 방해가 되는 존재가 또 있을까. 교사의 교수법에서 비판 criticism 은 분명 빠질 수 없는 요소이지만, 교실은 비판보다 칭찬과 공감으로 가득 차야 한다. 배움에 성공하는 학생을 어찌 축하하지 않을 수 있겠는가.

교사는 대부분 나이, 경험, 지식, 배움의 정도에서 학생을 능가하기 마련이다. 그러나 교사는 함께 공부하는 학생을 향한 태도에 이런 우월함이 배어 나오지 않게 늘 신경 써야 한다. 훌륭한 교사는 "쉬운 문제야. 왜 어렵게 생각해?"라는 식으로 말하기보다 "그래, 어려워. 나도 이거 배울 때 몹시 힘들었어. 그렇지만 나는 네가 좀 더 쉽게 배울 수 있게 설명해볼게"라고 말할 것이다. 만약 학생이 그 개념을 이해하게 된다면 교사는 그때를 놓치지 않고 칭찬을 해줘야 한다. "내 기억에 나는 이 문제를 이해하느라 3주나 걸렸는데 너는 겨우 나흘밖에 안 걸렸구나. 정말 대단한걸!"

**연민은 전인**whole person **으로 행동하는 것이다.** 바로 이 점에서 연민 가득한 교사는 그저 잘 가르치기만 하는 교사와 구분된다. 연민 어린 교사는 교실에서 자신의 전인격을 발휘한다. 집에서 혼자 있을 때의 모습 일부를 가져온 것처럼 행동하지 않는다. 교사는 자기 직업을 기꺼이 받아들이고, 감정이 직무를 보강하거나 강화할 정도로 충분히 성숙한 전문가들이다.

교실 문을 들어선 다음 자신의 감정을 확인하고 통제하려는 교사는 흔히 '쌀쌀맞은 사람'이나 '사기꾼'이라 불리기 십상이다. 자동 기계 인형 같은 이런 교사들은 훈육과 통제가 기계적이고 감정 없이 행동할 때만 성립되거나 유지된다고 잘못 믿는다. 감정 없는 사람이란 없다. 그러나 많은 이들이 이성적인 것과 감정이 무딘 상태를 혼동한다. 감정은 방해되는 것이고, 비전문적이며, 자신의 권위를 떨어뜨릴 만큼 위협적인 것이라고 여겨 직장에서 아무런 감정 없이 지내려고 한다.

이는 큰 잘못이다. 아무런 감정을 표출하지 않는 교사는 내성적인 학생들을 더욱 조용하게 만든다. 교사와 편안한 상태가 되어야 비로소 말을 꺼내는 학생들을 더욱 침묵하게 한다. 인간의 감정을 분명하게 드러내지 않는 교사는 학생의 참여를 독려하고 지지하는 가르침의 환경을 만드는 데 필수적인 편안함과 안정감을 만들어낼 수 없다.

**연민은 흔들리지 않는 모습으로 학생 한 명 한 명의 미래에 헌신하는 것이다.** 교사가 학생들의 저항에 부딪히고, 장학관에게서 시정 요구를 받거나 학부모에게서 불만을 듣거나 지역사회에서 비난받는 경우가 있다. 이때 교사가 직무를 계속하게 만드는 토대는 학생 한 명 한 명에게 최선의 이익이 무엇인지 초점을 맞추는 데 있다. 훌륭한 교사는 학생에게 이익이 되는 것을 제공하려는 열망으로 이런저런 시행착오를 거치면서도 매일같이 불굴의 정신력을 발휘한다.

연민은 이런 헌신을 떠받치는 토대다. 교사의 삶이 지식을 통해 어떻게 풍부해지는지, 지식을 쌓기 위해 얼마나 열심히 공부했는지 인정해주는 데서 헌신의 힘이 솟아난다. 이 헌신은 학생을 편안히 내버려두지 않는다. 오히려 공부하도록 도전 정신을 심어주어 학생을 힘들게 한다. 말하자면 힘을 덜어주는 것이 아니라 정말 열심히 공부할 때 느끼는 고통에 대한 염려를 덜어준다. 이는 오로지 학생이 지금 하는 것들을 깨닫게 해줘야 가능하다. "고통 없이는 얻는 것도 없다 no pain, no gain." 운동경기에서 자주 쓰이는 이 말을 수업의 표어로 삼자. 이때 교사는 사려 깊은 관심을 쏟아 학생이 배움의 난관을 쉽게 해결할 수 있게 꿋꿋이 버티면서 목표를 이루게끔 격려하고 지원해야 한다.

가르침을 직업으로 삼을까 고려하는 사람이라면 자기에게 연민이 있는지, 그것이 자기와 잘 맞는 성정인지 고민해봐야 한다. 연민이 없는 사람에게는 가르침에 요구되는 신체적이고 감정적인 대가가 너무도 크다. 무지한 사람을 보살피는 일은 이들의 어려움과 배움을 향한 갈망을 본능적으로 훌륭하게 찾아내는 사람들이 맡는 편이 훨씬 낫다.

교실을 연민의 실천 장소로 받아들이기 어려운 사람들, 자기에게는 연민의 감정이 있다고 생각하지 않는 사람들, 자신의 직업이 특별히 지적인 활동이라고 이야기하는 사람들은 모두 가르침을 직업으로 택하지 않는 편이 좋다. 이런 사람들에게는 정치나 범죄를 다루는 분야 등 감정을 덜 요구하는 직업이 어울릴 듯하다.

— ✦ —

해리엇 스타일스Harriet Stiles는 직업 생활이 충분히 만족스러웠다. 그녀는 성공적이고 부지런한 학생이었다. 같은 반 친구들과 또래 학생들에게 별로 관심을 기울이지 않고 초연한, 한 마디로 쌀쌀맞은 성향이 있는 부지런함이었다. 그녀의 성실함 때문에 그녀를 가르친 교사들은 해리엇이 훌륭한 교사가 되기에 안성맞춤이라고 보았다. 그녀의 부모도 해리엇이 교사가 되면 좋겠다고 강권했다. 교사를 직업으로 삼으면 결혼을 하든 하지 않든 안정된 수입을 얻는다고 설득했다. 결혼을 해서 아이를 낳으면 방학 때 아이들과 편안한 시간을 보낼 수 있다고도 덧붙였다.

어린 해리엇은 영어 전공으로 학사학위와 교직에 필요한 자격증을 받고 서둘러 교사로 입문할 준비를 마쳤다. 그러나 그녀는 주변 어른들의 말을 듣고 택한 교직이 자기 적성이나 성향에 맞는지, 자기가 그 일을 좋아하는지 늘 의문이었다. 안타깝게도 해리엇은 혼자 생각하고 결정하는 데는 그리 똑똑하지 않았다. 보통 그다지 강한 끌림 없이, 또는 뚜렷하지 않은 목표의식에 따라 직업을 선택하는 사람이 많지 않은가.

해리엇 스타일스는 자기가 늘 현명한 판단을 해왔다는 환상에 사로잡혀 있었다. 그런데 이 결정이 학생들에게 어떤 혜택으로 돌아가는지 불분명했다. 가르침이 그녀의 적성에 맞지 않았기 때문이다. 영문학에 조예가 깊었고 나름 열정도 쏟았다. 특별히 시에서 낭만적인 공상 여행을 할 수 있는 작품을 찾곤 했다. 그러나 어린 학생들과는 공통된 화제를 좀처럼 찾지 못했다. 거의 40년이라는 시간을 함께 보냈는데도 말이다.

해리엇은 학생들을 버릇없고 존경을 표할 줄 모르는 아이들로 여겼다. 더구나 다른 사람들의 자식이지 않은가. 따라서 자신이 늘 혜택을 입어왔고 자기 자녀들에게도 그 혜택을 넘겨주고자 하는 가르침의 이점을 그리 즐길 수 없었다. 무지하고 뭘 잘 모르는 학생들을 용서할 수 없다는 식이었다. 학생들의 부족함은 해리엇 스타일스에게 정말 대단한 노력을 요구하는 도전이 되기는커녕 그녀를 실망하고 낙담하게 했다. 그래서 해리엇 스타일스는 학생에게, 친구에게, 동료 교사들에게 잘 알려져 있듯 자기 일에 환멸을 느꼈다.

해리엇 스타일스는 고등학교 영어를 가르쳤다. 그런데 이 수업의 목표를 자신이 셰익스피어를 얼마나 고차원적으로 이해하는지, 극작가의 시가 가장 거칠고 무지한 학생을 자기만큼 높은 차원으로 끌어올리는 데 얼마나 강력한 무기인지 보여주려는 것으로 삼은 듯했다. 수업을 진행하면서 학생들의 가슴과 마음에 자신을 투영할 생각은 아예 없었다. 자신의 확고한 신념에 반하는 왜곡된 생각이 조금이라도 고개를 들면 무시무시한 위협으로 느꼈다.

해리엇 스타일스는 그리스 올림포스산의 신들처럼 세상에 초연한 듯 접근 불가능하고 흔들리지 않는 사람으로 보였다. 남들에게서 멀리 떨어져 있는 분위기 때문에 그녀는 뭔가 심오하고 불가사의한 존재의 경계에 놓여 있는 듯한 인상을 풍겼다. 셰익스피어를 설명하지는 않았겠지만, 셰익스피어에게 아첨을 한 셈이었다. "스타일스 선생님, 도대체 이딴 거를 왜 읽어야 하죠?"라는 학생들의 반복된 질문에 해리엇 스타일스는 통렬한 반박으로 응수했다. "네가 '이딴 거'라고 말한 건 윌리엄 셰익스피어의 불멸의 작품을 가리키겠지?"

일단 이렇게 짚을 점이 명료해지면, 해리엇 스타일스는 이 타락한 학생이 범죄를 저지르기라도 한 것처럼 영락없이 벌칙을 부과했다. 학생은 수업이 끝난 뒤에 남아서 다음 문장을 100번이나 써야 했다. "셰익스피어를 향한 마땅한 존경은 교육받은 사람의 징표다." (학생을 벌주는 것의) 정당성이 더 확보된다면, 즉 해리엇 스타일스에게 더 상상할 수 없는 일로 곤란함을 안겼다면, 에이번의 시인 the Bard of Avon(셰익스피어의 별칭)이 지닌 덕목을 정말 옛날 언어로 웅변하듯 표현해 당사자인 셰익스피어마저 당황시켰을지 모른다.

이런 애매하고 이미 정해진 주장 때문에 학생들은 더 이상 호기심을 보이지 않았다. 어쨌든 해리엇 스타일스의 경험에 따르면, 대답하기 곤란한 난해한 질문을 받지 않는 것이 최상의 방법이었다. 예를 들어 "카이사르의 아내는 누구인가요?"라거나 "왜 그녀가 그런 의혹을 받아야 했나요?" 같은 질문은 해리엇 스타일스가 아는 쉬운 질문이었으며 학생들도 대답을 이미 알고 있으리라 예상했다. 실제로 많은 학생이 질문의 답을 알고 있었다. 그러나 해리엇 스타일스의 수업에서 궁극적으로 제기되어야 할 수준 높은 질문은 마치 해변으로 떠밀려온 고래처럼 혼란 속에 버둥거렸다.

해리엇 스타일스가 담당하는 학급에는 그녀의 방식대로 수업에 임하려는 학생이 얼마 없었다. 이 학생들은 해리엇 스타일스의 칭찬과 함께 그에 뒤따르는 높은 성적을 목표로 했다. 이런 학생들은 정해진 질문을 던지고 또 그에 걸맞은 정답을 말하는가 하면 아주 적확한 단어를 섞어 아첨하는 데 숙달해 있었다. 이 학생들은 해리엇 스타일스가 편애하는 모범생으로, 그다지 유순하지 않고 독립적인 학생들 앞에서 자주 호명되었다. 그녀는 고분고분하지도 않고 남보다 독립적인 학생들을 무지하고 공부에 소질이 없다며 비난했다.

해리엇 스타일스는 수업에 저항하거나 교사와 생각이 다른 학생들의 심리가 어떠한지 궁리해보려는 시도는 전혀 하지 않았다. 해리엇 스타일스는 셰익스피어를 이해하는 데 어떤 어려움이 있는지, 자기가 그의 희곡을 가르치는 데 어떤 어려움에 봉착하는지 내다볼 수 없었다. 그뿐 아니라 학생들의 관점으로 셰익스피어를 보려는 어떤 시도조차 수업 목표와 맞지 않는다며 싫어했다. 그녀의 수업은 이런 목표에 맞춰 아무런 방해도 없이 그녀의 의도대로 진행되었다. 학생들은 제시된 개념과 내용을 맹목적으로 암기하느라 바빴으며, 이후로 학생들이 셰익스피어에 관해 '안다고 하는 것'은 이런 것들이었다.

학생에게 감탄을 자아내는 수업과는 별로 관련 없는 부분을 파고들면서, 경직되고 협소하며 사실을 거의 담지 않은 지식 덩어리에 몰두하는 해리엇 스타일스의 태도는 학교에서 전설적이라 할 만큼 유명했다. 예를 들어 그녀에게 시는 이야기하는 인물을 대표하는 말을 가지런히 늘어놓은 것으로, 학생들은 이런 말을 똑바로 확인하고 분류할 수 있어야 했다. 이사일의(二詞一意. hendiadys),* 환유법metonymy,** 전방 조응anaphora,*** 완서법 litotes**** 같은 용어는 해리엇 스타일스가 정의하는 능력의 목록에서 빠지지 않았다. 물론 많은 학생이 이 말의 뜻을 잊지 않았다. 그녀는 이것을 다루기 어려운 인간의 마음을 뛰어넘은 큰 승리로 여겼다.

그러나 카이사르의 피가 묻은 토가와 벌어진 상처, 의무와 야망 사이의 갈등, 자유를 향한 갈망과 성공적인 리더십의 매력 사이에서 빚어지는 모순, 애국심이라는 명목 때문에 억압받는 개인의 이익, 좀도둑으로 타락한 위인 등, 시가 줄 수 있는 극적인 매력이 그녀를 피해 도망쳐버렸다. 율리우스 카이사르의 연설이 던져주는 주요 질문이 공과 사와 관련한 현대 문제에 딱 맞는다고 생각되었지만, 그녀는 지금 벌어지는 일에서 학생들의 유치한 생각이 어떤지에 관심이 없었다. 그래서 아무런 연관도 짓지 않고 지나갔다.

해리엇 스타일스는 셰익스피어의 희곡을 고등학교 때 배웠기 때문에 그 또래의 아이들이 배워야 한다며 가르쳤다. 그녀

---

- •    두 명사 또는 형용사를 and로 연결하여 하나의 뜻을 나타내는 수사법. 예를 들면 death and honor[=honorable death](Microsoft Bookshelf 2.0 영한사전).
- ••    사물을 직접 가리키는 대신 그 속성이나 공간적·시간적으로 가까운 관계에 있는 것을 쓴 것. 예를 들면 from the cradle to the grave(출생에서 죽음까지), wealth(부자)(Microsoft Bookshelf 2.0 영한사전).
- •••    선행 어구의 대용으로 대명사 따위를 쓰는 일(Microsoft Bookshelf 2.0 영한사전).
- •••• 억제된 표현으로 오히려 더 강한 인상을 주는 수사법. 예를 들면 not a few, not bad at all 등(Microsoft Bookshelf 2.0 영한사전).

에게 셰익스피어는 그 자체로 완전한 전통이었다. 게다가 언어는 로미오와 줄리엣의 언어처럼 외설적이지 않았다. 그녀는 학생들이 쓸데없이 낄낄대거나 성적인 의미를 담은 말을 쑥덕대지 못하게 막았다. 따라서 진정한 희곡다움이 그녀를 거치며 교묘히 벗어났기 때문에, 수업에 참여하는 학생들에게 희곡의 본래 의미는 풀리지 않는 신비로 남았다. 문학은 해리엇 스타일스가 가르치는 교실에 들어서자마자 죽어버렸다. 이전에 그녀의 수업을 들은 학생들이 동창회에 모였을 때 '해리엇 스타일스 선생님'이 문학을 죽였다고 한목소리로 말했다.

동창회는 해리엇 스타일스에게 일종의 시험대였다. 그녀는 자기 반 아이들의 이름을 한 번도 제대로 외운 적이 없어서 학생들도 그녀가 자신을 기억하리라고 기대하지 않았다. 그러나 학생들의 얼굴은 어떤가? 누구는 이렇게 생각했을 것이다. 최고의 모범생이든 최악의 악동이든 얼굴 정도는 기억해서 학생들이 어떻게 사는지 안부를 물을 것이라고 말이다. 천만에! 그녀는 늘 그랬듯 침착하게 셰익스피어의 희곡 제목을 여전히 외우고 있는지 물어볼 것이다. 그리고 가장 어려운 대목을 외워보라고 시킬 것이다.

그러나 지금까지의 모든 일에 비추어 해리엇 스타일스가 교사로서 완전히 실패한 사람이라고 여겨서는 안 된다. 학부모들은 교장에게 해리엇 스타일스에 대해 거의 불만을 드러내지 않았으며, 수업도 질서 있게 진행되었다. 완고하고 꼿꼿하기는 했지만, 적어도 질서에 냉소적이거나 (훈육된 마음이 무엇인지 아무 언급도 없이) 꽉 군기가 잡힌 교실의 모습이 구식이라고 생각하는 동료들보다 나쁘지는 않았다.

해리엇 스타일스는 썩 인기 있거나 영감을 불러일으키는 교사는 아니었다. 불쾌감을 주지는 않지만 감각이 둔하고, 마치 날씨처럼 피할 수 없는 사람으로 받아들여졌다. 그녀에게 배운 학생 중 한 명은 해리엇 스타일스의 특징을 다음과 같이 완벽하게 표현했다. "스타일스 선생님은 셰익스피어에 관해 좀 아는 것 같긴 한데, 그걸 우리에게 나눠줄 방법은 전혀 모르는 듯해"라고 말이다.

# 인내

Patience

셰익스피어는《십이야Twelfth Night》에서 '슬픔 앞에 미소를 지으며 묘비 위에' 인내심을 올려놓는다. 이때 셰익스피어가 말하는 인내심이란 슬픔과 비극의 세계에서 죽음을 기품 있게 받아들이도록 만드는 힘을 뜻한다. 그는 너무 약해 역경을 딛고 일어서지 못할 만큼 어리석고 수동적인 희생자의 이미지, 현대적으로 풀자면 의사 앞의 환자처럼 겨우 살아남은 자의 이미지를 불러낸다.

그러나 교사가 아무리 힘들고 보상과 감사를 제대로 받지 못하는 노동으로 고통받더라도, 또는 지친 몸을 질질 끌며 날마다 누구를 처벌하는 일을 감당할 수 없다고 느끼더라도, 교사에게 요구되는 인내심은 수동적이지 않은 긍정적인 덕목이다. 끈기persistence는 학생들이 직면하는 난관을 기꺼이 받아들이게 한다. 뿐만 아니라 누군가의 배움을 돕겠다는 결심의 협조자로 참을성endurance, 평정심equanimity, 관용tolerance이 요구된다. 따라서 인내심은 가르침의 중요한 요소로, 배움이나 상상력과는 달리 자유로움보다 엄격함이 필요하다. 교사는 학생의 절망과 피곤을 통제할 줄 알아야 하고, 자기가 가르치는 것을 다른 사람이 이해하는 데 교사로서의 열망이 있다는 점을 분명히 해야 한다.

지치지 않는 끈기를 보여주는 고전적 사례가 있다면, 헬렌 켈러의 교사였던 앤 설리번Anne Sullivan이 아닐까 싶다. 설리번은 끊임없이 창조해내고 열망했다. 설리번은 자기 앞의 뛰어난 학생이 암흑과 고요함 속에서도 잘 배워 다른 이에게 영감을 주는 풍성한 삶을 살 수 있게 이끌었다. 그녀의 한결같은 헌신은 전 세계적으로 아주 잘 알려진 재능이다.

인내는 꾸준한 연습을 통해 얻는다. 인내심은 교사가 이미 아는 것을 따라 배우는 학생들의 난관을 이해하려는 과정에서 겪는 실망과 절망을 막는다. 어린 학생들이 천성적으로 참을성이 부족하고 충동적이라면, 교사는 학생을 대하는 멘토로서 쉽사리 흥분하지 않고 신중한 태도를 보이는 것이 무엇보다 중요하다.

결국 교사는 더 성숙하고 나은 행동을 통해 설득하는 모범이 되어야 한다. 그뿐 아니라 신중함, 균형감, 자제심의 가치와 효용을 설명하고 가르쳐야 한다. 예를 들어 경력이 많은 교사는 자신이 잘 아는 교과의 학습 자료를 성급하게 내놓으며 배우자고 하지 않는다. 학생 대부분에게 새로운 학습 자료는 늘 낯설고 어려워서 이를 소화하고 이해하려면 시간이 어느 정도 걸리기 때문이다. 인내는 교사가 학생이 새로운 지식을 배우려고 기울이는 노력의 한계를 받아들이고 인정해주려는 태도로, 학생들은 지식을 배워갈 때 동지company가 곁에 있다고 느끼게 된다.

교사는 학생들의 오인과 오해를 인내심으로 견뎌낼 수 있으며, 학생이 저지르는 실수로 가르침과 이해가 촉발된다. 인내심은 학생들의 판단 착오, 실수, 오류를 능력 부족이나 토론할 가치조차 없다고 치부하지 않게끔 교사를 무장시킨다. 교사는 학생의 잘못을 기회로 수업을 확장하고, 새로운 접근을 시도

한다. 또는 설명을 덧붙이거나, 도달할 목표 기준을 다시 제시하기도 한다. 이런 실수가 학생에게는 부정적으로 여겨질 수도 있지만, 결국 학생도 이해와 배움에 이르게 되며, 자신의 성취를 측정해보거나 배우고자 하는 동기에 만족감을 느낄 수도 있다.

잘못과 실수의 가치를 전달하는 일은 매우 중요하다. 그러나 이런 가치는 학생이 교사를 신뢰하는 경우에만 가르칠 수 있다. 교사와 학생 간의 신뢰는 주로 학생이 당황하고 혼란스러울 때 교사가 보이는 인내심과 관대함에서 생겨난다. 교사가 학생이 저지른 실수로 얼마나 어리석은지 판단하거나 학생이 자신의 실수에 절망 또는 굴욕감을 느끼게 내버려둔다면, 둘 사이에는 극복할 수 없는 벽이 생긴다. 교사가 학생이 기울이는 노력을 가볍게 여기거나 답을 찾지 못하고 계속 헤매는 모습을 비웃는다고 하자. 과연 학생은 주어진 질문의 정답을 찾으려고 애쓰거나 다른 방식으로 글쓰기 과제를 해내려고 노력할까? 학생에 대한 신뢰가 없는 교사는 마치 관객 없이 공연하는 연기자와 같다. 모든 쇼가 끝나고도 아무 반응을 얻지 못할 테니 말이다.

인내심이 신뢰의 가장 중요한 바탕이 된다면 성실함과 부지런함과도 아주 밀접하게 관련된다. 학생에게 성실함과 부지런함이 없다면 배움은 절대 일어나지 않는다. 교사의 인내심을 통해 학생들은 옳고 타당한 것을 얻으려면 노력하고 또 노력해야 한다는 점, 자신의 난관을 극복하는 데 인내심이 필요하다는 점을 배운다.

훌륭한 교사는 인내심을 통해 학생들에게 모범적 행동을 전해주려고 노력한다. 인내심 많은 교사는 학생이 자신의 능력을 넘어서는 성취를 보일 것이라 기대하지 않고, 학생들이 서서히 성숙해지는 모습에, 그들의 앎이 점차 커지는 모습에 만족해야 한다. 학생들이 갑자기 놀랄 만큼 도약한다면 정말 기쁘겠지만, 그렇다고 이를 기대하면 안 된다.

한편, 배우려 하지 않거나 자신의 재능을 경솔함과 무절제함 또는 게으름으로 낭비해버리는 학생을 견디지 못하는 교사의 심정은 이해할 만하다. 그러나 학생의 나태함이 몸이 아프다거나 정서적인 어려움 때문에 생겨난 것인지 아닌지 어떻게 확신할 수 있겠는가? 교사가 학생 시절에 경험한 부주의나 어려움을 되돌아보면 학생의 부적절한 행동에서 오는 절망을 달랠 수 있다. 교사가 과거에 겪었던 실패에 솔직해지는 동시에 학생들의 어리석음을 마주했을 때 어떤 감정에 사로잡히는지 설명한다면 자신에게 나타나는 조급함을 완화할 수 있고, 학생들은 배울 수 있으며, 교사 또한 배우는 기회로 삼을 수 있다.

그렇다면 인내심은 도대체 어떻게 수업에 기여할까?

**인내심은 학생들에게 배움의 시간을 부여한다.** 학생 처지에서 시간을 생각해보자. 인내심 많은 교사는 수업 내용이 학생들에게 쉬워 보인다고 하더라도 수업 진도가 너무 빠르지 않게 자제한다. 대신에 일정한 속도감을 유지하면서 공부하는 내용을 이해하고 숙달하는 데 필요한 학생의 능력과 함께 의례적인 수업 진도에 맞춘다.

이런 교사라면 학생들의 교과 이해도가 도달할 목표를 향해 수업을 진행한다. 또한 이미 다뤘던 수업 내용에 학생이 자신 없는 모습을 보인다면 잠시 멈추거나 이전 내용으로 다시 돌아간다. 그러나 학생 다수가 아니라 단 한 명의 학생만이 특별히 이해하지 못했을 경우, 수업에서 특정 학생의 상태를 언급하면서 학급 전체를 거기에 붙들고 있기보다 정규 수업 이외의 일대일 코칭 시간을 확보해 가르치려고 한다.

인내심 많은 교사는 자신의 시간 외 노력에 대해 금전적 보상이 없거나 초과 근무가 인정되지 않더라도 불평 없이 감당한다. 어떤 이들은 의아해할지도 모르겠다. 학생들의 집요한 인격적 괴롭힘, 수업 준비에 소요되는 시간, 학교 행정 업무, 개인적인 용무 등으로 정신없는 교사에게 너무 많은 것을 요구하는 것은 아닌지, 가르침이 개인 삶의 일부인 교사에게 너무 큰 부담이 아닌지 말이다. 보상받지 못하는 일을 누구에게 강요한다면 정의롭지 못하지만, 교직을 소명으로 받아들인 교사라면 별도의 일을 책임으로 받아들여야 한다. 자신에게 요구되는 단조로움을 품위 있게 받아들이는 것이 훌륭한 가르침을 증명하는 징표가 된다. 이는 진정한 시간의 선물이기도 하다. 만약 그렇지 않다면 배울 수 있는 학생은 한 명도 없을 것이다.

**인내심은 청소년의 약점을 참작하게끔 도와준다.** 청소년에게는 약점이 많다. 약점은 겉으로 드러나지 않을 때도 있지만, 분명히 존재한다. 아무 자극이 없는데도 학생들이 어리석게 행동하거나 낄낄거린다면? 학생들의 정신이 종종 지력을 굴복시키는 상황에 마주한다면? 때때로 자제심을 잃거나 교사의 권위에 마땅한 존경을 표하지 않는다면? (이런 모든 일에도 교사는 자제심을 발휘해야 한다.) 조용히 열까지 세어보라. 조바심을 불러일으키는 학생들의 행동이 지나가기를 기다려라. 그러고 나서 학생들이 보인 무분별함을 침착하고 악의 없이 조목조목 지적하라. 만약 학생들이 언제나 예의 바르고 또 분별력 있게 행동하리라고 기대하는 교사가 있다면 어리석기 짝이 없는 셈이다. 비록 부적절한 행동이라도 절제된 항의로 훌륭하게 활용될 수 있다.

"자, 너새니얼. 너는 수업의 절반을 델라웨어강을 건너려는 조지 워싱턴의 배에 올라타서 그를 웃음거리로 만들며 수업을 방해했어. 이제 충분하다고 생각해. 그런데 네가 맞아. 화가는 별로 바람직하지 않은 조지 워싱턴의 모습을 그림에 담았어. 도대체 왜 그렇게 그렸을까? 그 탓에 워싱턴의 이미지가 어떻게 전달되고 있지? 네가 보기에 화가는 워싱턴의 이미지를 왜 이런 식으로 표현한 것 같니?" 이렇게 하면 수업은 정말 흥미진진한 목표를 향해 나아갈 것이다.

**인내심은 학생의 성장을 바라보고 적극적으로 돕게 하지만, 그렇다고 학생이 완전히 성숙해지리라고 바라지는 않는다.** 노인의 머리를 젊은이의 어깨에 올려둘 수 없다는 오래된 속담이 있다. 그렇지만 교사는 나이 든 어른에게 기대하는 인성과 지성을 학생들에게 기대하는 자신을 발견하곤 한다. 이런 교사에게 최상의 조언은 그렇게 하지 말라는 것이다. 교사가 미성숙한 학생들에게 성급하게 굴어도 학생이 성숙해지는 데 아무 도움이 안 된다. 대신 악의 없이 가볍게 무시하는 편이 나을 수도 있다. 그렇게 함으로써 교사는 학생에게 많은 양의 공부와 성취를 요구하지 않고 학생의 미성숙함에 연민과 관용을 보이듯 행동해야 한다. 2천 년 전 로마 시인 호라티우스Horatius가 〈송가Odes〉라는 시에서 말하듯, 인내심은 고칠 수 없는 것을 더 잘 견뎌내게 돕는다. 교사가 지금 자신의 뭔가를 참아내고 있다고 깨달으면 학생은 나중에 그것을 고칠 수도 있는 것이다.

**인내심은 어리석은 짓도 기꺼이 참아주게 한다.** 앞서 언급한 시인은 적절한 환경에서는 바보짓을 해도 즐겁다고 말했다. 학생들, 특히 어린 학생들은 교실에서 누리는 즐거움이 (교사만이 결정할 수 있는) 적절한 맥락으로 제한되는 것을 처음에는 이해하기 힘들 수 있다. 교사는 배움에서 이탈하지 않는 바보스러움foolishness을 이와 정반대 뜻인 어리석음folly과 구별해야 한다. 교사는 후자의 어리석음이 교실에서 일어나는 상황을 결코 참지 말아야 한다.

그러나 아무런 해가 없는 웃음거리, 아이들의 명랑함으로 자연스럽게 일어나는 웃음은 지식을 배우는 데 해를 끼치지 않으며, 오히려 배우는 과정을 더 부드럽게 만들어줄 수 있다. 이때 교사는 청소년들의 자연스럽고 넘치는 기운ebullience을 호기심이나 즐거움을 해치지 않으면서 지식을 탐색하는 과정으로 연결해낼 필요가 있다.

**교사는 인내심의 모범을 보여야 한다.** 모범을 보이는 것만으로도 많은 가르침이 된다. 교사의 인내심은 이러한 효과를 불러오는 데 크게 기여한다. 학생이 교사가 아닌 다른 누구에게서 강인함, 관용, 침착함의 모범을 더 잘 찾아볼 수 있겠는가. 일반적으로 교사는 학생의 부모나 친인척이 모범적이기를 바란다. 그렇지 않다면 교사는 많은 청소년들에게 용서와 관용을 보이는 거의 유일한 본보기일 수도 있다. 그뿐 아니라 학생들에게 자제심과 침착함이 주는 혜택을 조용히 설명해줄 수 있는 단 한 사람일지도 모른다. 학생들을 가르치고 상담해주고 위로해주는 교사는 사려 깊은 인격을 어떻게 사용하는지 관찰해볼 수 있는 몇 안 되는 사례다.

교사는 때때로 자기가 보이는 인내심의 행동을 설명하는 것이 적절하다는 사실을 깨닫는다. 자신이 어떻게 이런 특질을 띠게 되었는지, 이러한 인내심을 잘 유지하지 못했을 때 어떤 시도를 하는지, 자제심이나 신중함 없이 행동했을 때 어떤 희생을 치러야 하는지 말이다. 모범을 보이는 사람은 조용할 필요도, 완벽할 필요도 없다.

**인내심은 결코 도달할 목표를 잊지 않는다.** 오래된 복음성가에 "당신의 눈을 상(賞)에서 떼지 마라 keep your eyes on the prize "라는 구절이 있다. 교실의 상황에 빗대면, 상은 학생의 이해를 가리킨다. 훌륭한 교사는 이 목표에 점진적이고 신중하게 다가간다. 교사는 목표를 단념시키는 어떤 혼란도 허용하지 않는다. 이들은 이 여정이 꽤 오래 걸린다는 것, 이 길을 걷는 학생을 도울 방법이 얼마 되지 않는다는 것을 잘 안다. 그러나 학생이 교사를 신뢰하고 따른다면 자신의 보호, 격려, 지도는 학생이 성공하는 데 반드시 도움이 되리라고 믿는다. 교사들은 자기가 가르친 학생을 대학이나 직업학교, 직장으로 보내며 다른 교사의 손에 맡기게 된다. 이때 교사가 슬픔에 잠긴다면, 그것은 자기가 학생들의 지식과 이해를 넓히겠다고 최선을 다해 가르쳤던 만족감이 뒤섞인 슬픔일 것이다.

**인내심은 그 자체로 보상이 된다.** 학생과 더불어 더 큰 성공을 이루어야 했다거나 교수법이 좀 더 나아야 했다거나, 학생의 어려움을 좀 더 많이 알거나 더 많은 이해심을 보여야 했다는 생각에서 자유로운 교사가 얼마나 될까. 물론 이런 생각이 드는 경우는 항상 개선의 여지가 있다고 여기기 때문이다. 학생이 제대로 배우지 못한 것에 대한 자책은 성공적인 교사의 삶에 해로울 수 있다. 자신감이 고갈되면 불안이 엄습하고 효과적인 가르침이 어려워진다. 학생이나 동료에게 자기 상태를 드러내면 자신감이 더욱 약해진다.

자신의 부족함에 책임감이 없는 사람을 교사라고 할 수는 없다. 그러나 분명히 기억해야 할 것은 교사가 아닌 다른 이들도 학생의 배움과 성숙에 큰 책임이 있다는 점이다. 특히 어린 학생일수록 부모의 책임이 더 크다고 볼 수 있다. 나이가 조금 더 많은 학생이라면 자신과 또래 친구들에게도 책임이 있다. 교사는 더 많이 공부하고 연습하고 동료에게서 조언을 받으며 부족한 부분을 채워나가야 한다.


일반적으로 가르침은 인내심의 실천이다. 우리는 학생을 인내해야 하지만, 때로는 (엄격한 문법학자의 말처럼) 자기 자신을 참아내야 하는 경우도 있다. 교사는 학생이 점차 성장해가기를 바라고 또 성장하게 도울 수 있기를 바란다. 그러나 교사의 바람은 학생의 상황보다 교사의 소망이 더 많이 투영된 것이다. 학생들은 여전히 분투하고, 혼란스러워하며, 어디로 어떻게 나가야 할지 모른다. 교사의 소망은 학생들의 상황을 염두에 두고 이루어가야 한다.

교사의 소망을 현실에 종속시킬 필요는 없다. 결국 인내심이란 절망을 이겨낸 믿음과 소망의 승리 아니겠는가. 학생이 보이는 우둔함과 제멋대로인 모습에 절망을 느낀다면 사뮈엘 베케트Samuel Beckett의 《이름 붙일 수 없는 자The Unnamable》에 등장하는 한 인물의 존재론적 결심, "나는 나아갈 수 없지만, 결국 가련다"를 기억하고 끈질기게 과업을 지켜가기를 바란다.

— ✦ —

엘시 플런킷Elsie Plunkett은 도심 학교에서 사회 교과를 가르쳤다.• 학생들은 자포자기부터 다양한 도움이 필요한 상태까지 저마다 복잡한 처지에 놓여 있었다. 유색인종에 속하고 경제적·사회적으로 소외된 이 아이들에게는 한 가지 공통점이 있었다. 학교는 삶을 둘러싸고 있는 가난, 무질서, 범죄를 벗어날 마지막 기회였다.

플런킷은 이러한 상황을 너무 잘 알고 있었다. 자기도 디트로이트의 그저 그런 환경에서 자랐기 때문이다. 플런킷은 교육을 통해 자신의 운명을 개척하고 교사라는 직업을 얻기까지 얼마나 오랜 노력을 기울였는지 잊지 않았다. 플런킷은 자기가 가르치는 학생들과 공통점이 많았다. 플런킷은 지난날의 경험이 수업에 들어오는 학생들의 삶과 맞닿는 부분이 많다는 생각에 자신감을 느꼈다. 그렇지만 우쭐대거나 속물근성을 품지 않고 자신의 이야기를 아이들의 삶에 연결 지었다.

엘시 플런킷은 자신의 시간과 성정에 어떤 비용을 치르건 진급에 어떤 영향이 생기건 상관없이 도움이 필요한 학생에게 마음을 쏟기로 결심했다. 그녀의 끈기는 평정심이 동반된 기질로, 의지가 약하고 변덕스러운 아이들이 열심히 공부하며 전진할 수 있다는 자신감을 얻게 했다. 학생들이 경험해온 바

● 미국에서 도심 학교, 그중에서도 도심 고등학교는 불우한 환경의 학생들이 주로 다니는 학교로 여겨진다. 중산층 이상의 학교가 도심 바깥에 위치하는 것과 다르다. 도심 학교는 학생 출결이 좋지 않고, 고등학교의 경우 중도 탈락률이 높다. 유색인종 비율이 높고, 공부에 집중하는 학생의 비중이 적으며, 사고를 일으키는 학생들의 비율도 높다. 교육 개혁은 언제나 이런 도심 학교를 대상으로 이루어진다.

에 따르면 플런킷은 매우 독특한 방식으로 본보기가 되어주었다. 플런킷의 끈기 덕분에 수업은 늘 효과적이고 성공적이었다. 아이들은 이런 플런킷의 기질을 열심히 닮고자 애썼다.

플런킷은 자기 학급을 사회의 축소판으로 만들어 보여주고자 했다. 그녀는 학생들에게 서로 다른 사람의 차이를 인정하고 참아주어야 한다고 말했다. 그래야 평화롭고 조화롭게 어울려 일할 수 있다는 점을 짚어주었다. 우리에게 보장된 헌법적 권리를 주장하려면 다른 이들에게도 똑같은 권리가 보장되어야 한다는 점을 강조했다.

교실의 많은 학생은 사회적 편견의 피해를 이미 다양한 방식으로 경험했다. 학생들은 인종과 거주지가 다르다는 이유로 큰 상처를 받았다. 플런킷은 "만약 너희가 조롱을 받고 낙심해서 허우적댄다면, 오히려 스스로 그런 편견의 죄를 범하게 된다"고 말했다.

많은 학생이 외국어 말투를 발음하거나 관용적 표현을 이해하지 못하고 어려워하는 등 영어 구사에 어려움을 겪었다. 플런킷은 ('이런 상황임에도'가 아니라) 이러한 이유에서 교실의 모든 학생에게 발언권이 공정하게 주어져야 하며, 누가 이야기하든 주의 깊게 경청해야 한다고 조용하고 단호하게 설명했다. 그녀는 아이들이 잘못된 표현을 쓰면 나무라는 대신 설명을 덧붙이며 바른 말로 고쳐주었다. 그녀는 사회 교과를 담당했지만 세련된 단어와 표현을 제대로 쓰려는 학생의 노력에 즉각적인 칭찬을 아끼지 않았다.

플런킷의 교실에서는 토론이 잘 훈련되고 균형 잡혀 있어서 누구에게나 발언의 자유가 주어졌다. 이런 학생들의 배움과 가르침의 내용은 맞닿아 있었다. 플런킷의 수업에서 '선한 독재정치benevolent despotism'라는 개념과 유래를 공부할 때, 학생들은 자기 앞에 서 있는 '선한 독재정치'의 살아 있는 형태를 인정하고 감사하는 데 아무런 어려움이 없었다.

플런킷은 사회가 어떻게 작동하는지 설명하면서 학생들이 학습 내용을 흡수하고 머리에 담을 수 있는 충분한 시간을 갖게끔 수업 진도를 너무 빠르지도 느리지도 않게 유지했다. 어려운 내용이 나오면 모든 학생이 수업을 제대로 따라오는지 확인하기 위해 시험까지 보면서 두 번, 세 번, 가끔은 그보다 더 많이 설명해주었다. 반복해도 안 될 때는 한 번 더 시도했다. 이때는 평소 설명하는 속도보다 더 천천히 진행했다. 그럼에도 여전히 따라오지 못하는 학생이 있으면 학생들을 도와줄 시간을 따로 마련해 보충학습을 제공했다.

어떤 주제든 골고루 다루겠다고 정한 수업시간은 내용에 숙달해야 하는 모든 아이에게 동등한 기회를 주었다. 시간이 얼마나 더 들건 상관없이 말이다. 과정이 끝나면 플런킷은 수업을 처음 시작할 때와 마찬가지로 평온하고 침착한 상태로 돌아갔다. 믿기 어렵지만, 그 어떤 학생도 그녀가 화내는 모습을 보거나 험한 불평을 늘어놓는 소리를 들어본 적이 없었다.

플런킷은 수업시간에 헌법으로 전할 수 있는 가장 중요한 메시지의 본보기와도 같았다. 사회의 갈등을 해결하기 위해 권력을 어떻게 행사해야 하는지, 누가 권력을 행사하는지, 무엇이 모범 사례인지 자신이 직접 보여주었다. 대부분의 학생이 그렇듯 잘 모르거나 경험이 적기 때문에, 논쟁의 강점과 약점을 차분히 설명해주며 학생들 사이의 갈등을 완화시켰다. 이때 플런킷은 힘에 의한 합의와 비교해가며 설득의 권위를 설명했으며, 무엇보다 사실과 논리 정연함을 갖추라고 가르쳤다. 플런킷은 지식과 경험이 지닌 힘을 이런 방식으로 보여주었다. 학생들은 플런킷에게서 가장 훌륭하게 조직된 사회란 이성과 정중함이 지배하는 곳이라고 배웠다.

플런킷의 수업 분위기가 늘 엄격하고 힘들지는 않았다. 플런킷에게는 장난기 어린 유머 감각이 있었다. 그녀는 정치학의 꽤 모호한 개념을 무척 기발하고 별난 방식으로 해석해내곤 했다. 농담을 하고 동음이의어로 말장난을 하는가 하면 학생들의 재치와 어리석은 행동을 즐겁게 받아주기도 했다.

양원제(兩院制), 전제군주, 금권정치처럼 어렵고 낯선 단어를 접하면 학생들은 당황하기 마련이다. 이때 플런킷은 학생들 마음속에 기본 개념을 자리 잡게 하려면 무미건조한 개념을 제시하기보다 예나 지금이나 난센스로 가르치는 편이 더 효과적이라는 것을 알았다. 플런킷은 이렇게 말하곤 했다. "의회는 양원제bicameral로 이루어져 있는데, 공군에 카메라camera를 사주는buy 문제를 결정하려면 두 개의 위원회가 필요하기 때문이란다. 그런데 이때 결정되는 비용은 늘 지나치게 비싸기 마련이니, 원……" 이런 식으로 말이다.

그렇지만 모든 학생이 선생님이 바라는 대로 정신을 똑바로 차리고 배움에 집중하지는 않았다. 플런킷은 학생들이 집에서, 거리에서, 심지어 학교 복도에서 매일같이 접하는 문제 상황과 위협이 무엇인지 잘 알고 있었다. 이렇게 세상일에 개의치 않고 마음을 쏟으려 하지 않는 영혼들은 플런킷의 인내심으로 인해 쉼 없이 괴로워할 수밖에 없었다. 플런킷은 학생들에게 결코 평화를 허락하지 않겠다는 듯 끈질기게 달라붙어

질문하고 격려하면서 난처하게 만들었다. 여느 동료 교사와 달리 플런킷은 학생들을 절대 포기하지 않았다. 학생들은 플런킷과 협력하는 것이 정반대 방향으로 가는 것보다 훨씬 쉽다는 결론에 아주 빨리 이르렀다.

사실 이 상황은 완력 차이가 있는 두 팀 사이의 줄다리기 경기처럼 보였다. 한쪽에는 학생과 학생들의 불우한 환경의 무게에 짓눌린 여성이 있는데, 늘 다른 한쪽 아이들을 잡아끌어 경기에서 이겼다. 플런킷은 자기를 따라 공부하며 노력하는 모든 학생에게 나태함에서 얻었을 법한 즐거움과는 견줄 수 없는 귀한 칭찬과 미소, 격려를 재빨리 쏟아냈다.

플런킷의 교실에는 실패자가 없었다. 학생들이 플런킷의 수업에서 보인 학업 성취도는 매우 다양했지만, 모든 학생이 플런킷과 함께 세운 수업 목표, 즉 정치·경제·사회에 대한 자신과 다른 사람의 관점을 더 분명하게 이해함으로써 정부에 관한 지식을 숙달하자는 목표를 향해 전진했기 때문이다.

# 끈기

## Tenacity

    끈기라는 덕목은 고대 이래로 많은 작가와 역사가의 관심을 끌어온 주제였다. 이겨낼 수 없는 것들에 대항하여 사랑하는 페넬로페 곁으로 돌아가려고 결심한 호메로스<sup>Homeros</sup>의 오디세우스를 한번 생각해보라. 로마 시인들이 묘사했던 영웅들의 모습을 떠올려보라. 온갖 이상한 일, 죽이겠다고 달려드는 군중의 살기, 휘몰아치는 바다의 폭풍, 잔인하기 그지없는 폭군의 화난 얼굴, 유피테르의 천둥 벼락, 물러서거나 지구의 붕괴에도 겁먹지 않고 끈질기게 목표를 찾아 나서는 영웅들 말이다. 좀 더 현실적으로는, 손과 발이 묶인 노예나 전쟁포로처럼 아무런 희망이 없어 보이는 잔인무도한 환경에서도 인간다움을 지키고자 참고 견뎌냈던 실존 인물들을 생각해보자.

물론 이런 일들이 교사가 일상적으로 접하는 시련이라는 이야기는 아니다. 그러나 대부분의 교사는, 헌신적인 전문가(소설 속 주인공이든 실존 인물이든)가 생명의 위협에 맞닥뜨린 상황에 필적할 만한 자신만의 경험을 떠올릴 수 있을 것이다. 예를 들어 고집 세고 순응할 줄 모르고 공부에 전혀 흥미를 보이지 않는 학생을 만났을 때나, 학부모의 난입과 행정 관료의 쓸데없는 간섭 또는 정치적 방해 등에 맞닥뜨린 순간 따위가 있을 것이다. 이런 난관에 부딪혔을 때 으레 그러듯 교사는 목표에 대한 강한 도전 정신을 유지하기 어려워진다.

그러나 교사가 완전히 소진되거나 포기한 상태가 아니라면 자기 직무를 온전히 수행하기 위해 꾸준히 전념할 수 있는 능력을 계발해야 한다. 즉 토머스 제퍼슨Thomas Jefferson이 존 애덤스John Adams에게 배의 키를 조종할 수 있도록 자리를 넘겨주면서 "희망은 머리에, 두려움은 후방에"라고 말한 것처럼 말이다. 교사는 주변 환경의 지원과 적절한 내적 역량으로 성취할 수 있는 교육적 효과를 다른 장애물이 방해하게 방치해서는 안 된다. 목표한 바를 성취해내려면 교사에게 끈기가 있어야 한다.

끈기라는 단어는 라틴 어원에서 꼭 붙들고 있는 행동이나 꼭 붙들 수 있는 능력을 뜻한다. 고대부터 이 말의 사용이 확대되어왔는데, 끈기의 특질이 힘을 의미하며 선하고 가치 있다고 받아들여지기 때문이다.

"우리는 이 진리가 자명하다고 고수한다." 새로운 국가가 누구의 기호나 의견에 따라 세워진 것이 아니라 얻기 어려운 신념에서 시작되었다는 점을 분명하고 솔직하게 표명한 제퍼슨의 말이다. 〈미국독립선언문〉에서 "우리가 믿기에"나 "우리가 느끼기에"라는 문구가 사용되었다면 제퍼슨이 그토록 찬미해 마지않는 주장의 파급효과는 그리 크지 않았을 것이다. "우리는……고수한다"라는 문구로 신념과 결심을 선언했다. 여기에 의심이란 있을 수 없다. 이 문구는 모든 이에게, 모든 회의론자와 반대론자에게 분명히 통보하고 있다.

가르침의 다른 중요한 요소들과 마찬가지로 끈기는 최고의 교사가 현실적 문제에 직면해도 회의감에 굴복하지 않고 날마다 내면에서 불러내야 할 여러 특질과 단단히 묶여 있다. 궁극적으로 오랜 경험을 한 노련한 교사는 교실에 들어서는 순간

이러한 내면의 속성들의 스위치가 켜진다는 것을 잘 안다. 내면의 자원들은 각 교사의 특성을 묘사하는 인간성과 인격의 특질이 된다.

그러나 인내심과 마찬가지로 끈기는 가르침의 요소 가운데 일관적으로 적용하기에 가장 어려운 요소일지도 모른다. 모든 상황에서 모든 학생에게 동일하고 공정한 방식으로 적용되어야 하기 때문이다. 가르침의 요소에서 끈기만큼 의지(엄하지만 공평해야 하고, 학생에 대한 자신감이 학생보다 더 커야 하는 의지)가 진정으로 필요한 경우가 있을까. 끈기는 운동장에 있는 것이지 교실의 소심한 자들을 위한 것이 아니라고 말하는 사람들이 있다. 그러나 분명히 끈기만큼 교사에게 필요한 자질은 없다.

사실 운동선수들은 끈기와 관련해 유용한 비유를 제공해준다. 훈련에서든 경기에서든, 똑같은 목표를 가진 운동선수들과 감독은 운동경기에서 만족감을 찾고 경기에서 이기는 데 필요한 능력을 계발하겠다는 자기 수양, 희망, 결심을 두루 갖추어야 한다. 그러기 위해 필요한 끈기는 자동차의 연료와 같다. 눈에 보이지는 않지만, 자동차는 연료 없이 어디에도 갈 수 없다.

끈기는 인내심과 완고한 고집 사이 어딘가에 놓인 특질이다. 끈기는 시키는 대로 하는 저항도 아니고 앞뒤 분간 못하는 공격도 아니다. 끈기는 절대 약해지지 않는 확고함으로, 교사들이 진실하고 선한 것을 굳게 지키도록 만든다. 수동적 저항은 순교자의 운명처럼 고통으로 변할 수 있다. 고집 센 완고함은 편협함과 성급함의 징표다.

이와 대조적으로 가르침에서 보이는 끈기는 자신과 학생에 대해 가장 높은 기대 수준을 계속 유지시킨다. 여기에는 영웅적 자질에 자주 등장하는 억척스러운 마음과 정신이 필요하다. 물론 교사는 자기 가르침의 의무를 다하겠다고 위험에 목숨을 내맡기지는 않는다. 만약 제대로 적용되어 교사가 보여주기도 전에 학생이 끈기의 가르침을 감지해냈다면, 교사의 확고함이 학생의 자발성과 결합되는 좋은 본보기가 될 것이다.

가르침의 다른 요소와 마찬가지로, 확고함을 교사가 모범으로 보여주는 것은 아주 중요하다. 교사는 학생들에게 중요성을 설명하지 않고도 자기가 심어주고자 하는 바로 그 인성의 모범적 사례가 되어야 한다. 교사가 가르치려는 것은 때때로 가장 솔직하게 표현된 끈기의 본보기일 수도 있다.

우리는 엘리자베스 스탠턴Elizabeth Stanton과 수전 B. 앤서니 Susan B. Anthony, 서굿 마셜Thurgood Marshall, 마틴 루서 킹Martin Luther

King 등이 기울인 노력을 이들의 끈기를 고려하지 않고 배울 수 있을까? 이러한 인물의 생애와 노력이 보여주는 것처럼, 이들의 굽히지 않는 성격은 체화한 사람뿐만 아니라 성향이 비슷한 사람들과도 기분 좋게 맞는 경우가 많다. 즉 끈기는 자신에 관한 것이기도 하지만 동시에 타인을 위한 것이기도 하다. 스탠턴, 앤서니, 마셜, 킹 모두 자기 신념과 행동에 흔들림이 없었기에 다른 사람들 또한 확고한 태도를 유지할 수 있었다. 이들이 가진 전부가 곧 '끈기'였다. 이들은 윈스턴 처칠이 언젠가 청중에게 "결단코 굴복하지 마시라. 절대, 절대, 절대로"라고 말한 것이 뼛속에 새겨져 있음을 알았다.

자기가 가르쳐야 할 학생들을 마주했을 때, 교사는 어떻게 그 자리에서 가르치기로 결정한 것들만 생각할 수 있을까?

**무엇보다 끈기는 실망감을 수용한다는 뜻이다.** 교사가 날마다, 해마다 학생들을 마주하려면 희망이 늘 실패의 가능성을 품고 있다는 점을 인정해야 한다. 교사가 누구를 가르치는 일은 결과를 알 수 없다. 배움의 효과는 바로 나타나지 않는다. 교사는 자신의 가르침을 통해 학생들이 전보다 더 잘 알고 더 나은 방향으로 생각하게 되었는지 판단하기가 어렵다. 배움은 축적되는 것으로, 수업이 끝나고 교실을 벗어난 뒤에야 비로소 학생에게 분명한 효과가 나타난다. 교사는 자기가 가르친 학생을 다시 못 보게 되더라도 학생이 잘하고 있으리라는 자신감에 의존해야 한다. 결국 교사는 열심히 노력했지만 학생들이 잘 배웠는지 아닌지 구체적인 증거 없이 결과를 예단할 수밖에 없다.

교사는 다른 사람을 가르치는 데 요구되는 노력, 즉 반복되고 알려지지 않으며 인정받지 못하는 노력을 기울이는 것만으로 만족감을 얻을 수 있다. 자신의 노력이 눈에 보이지 않지만, 학생들의 마음과 인격에 효과가 있으리라는 가능성을 내다보며 위로받아야 한다. 그런 신념이 교사가 기울이는 모든 노력의 토대를 이룬다. 신념을 포기하는 것은 곧 절망에 굴복하는 것으로, 교사와 학생 사이의 암묵적 유대를 해체하는 표식이 된다.

**끈기는 말하지 않아도 보여야 한다.** 가르칠 방법을 찾으면서 결코 학생을 혼자 배우게 내버려두지 않겠다고 말하는 데에 무슨 다른 목적이 있겠는가. 학생들은 교사가 지닌 품성에서 확고부동의 자세를 경험해야 한다. 학생들은 대부분의 교사가 학생이 만들어낸 문제 상황에 직면해 끈기 있는 평정심을 키우고 유지하고자 몹씨 애썼다는 사실을 굳이 알 필요는 없다.

학생들이 말을 잘 듣지 않고 배우려는 능력과 의지가 정말 제각각이라 해도, 교사는 실망스러운 현실에 맞서고 또 극복하기 위해 낙관주의적인 태도를 취해야 한다. 학생들은 교사가 무엇을 할지 몰라도 전심을 기울이고 있음을 느낄 수 있어야 한다. 교사가 지닌 품성이 나타내듯 교사는 아무 말 없이 불굴의 의지를 보여주는 것이 최선이다.

**끈기는 꾸준한 노력을 요구한다. 이때 아무런 보상이 따르지 않는 경우도 있다. 그러나 끈기 있는 교사는 학생이 교사의 희망과 기대를 성취하지 못했다고 학생에게 화를 내지 않는다.** 명백한 결과를 모르면서도 절대 화내지 않고 꾸준히 가르치는 것은 교사가 해야 할 일 중에서 가장 까다로운 일이 아닐까 싶다. 교사는 때때로 지시에 불응하거나 부지런히 쫓아오지 않는 학생들에게 회초리를 들고 싶을 것이다. 또는 자책의 매질을 하려는 생각에 빠질 수도 있다. 그러나 절망적인 상황에서 둘 중 어떤 방식으로 대응하건 바람직하지 않다. 아주 심한 비행이 아니라면 교실에서 교사의 분노는 결코 정당화할 수 없다. 또한 자책은 아무 이익이 되지 않는다.

그렇다면 실망과 낙담에 어떻게 대처해야 하는가? 강철처럼 냉혹한 자기 훈련만이 답이다. 고분고분하지 않고 고집 센 아이들의 문제에 대해 끈질기게 노력하는 자기 훈련 말이다. 기본적으로 교사가 학생의 행복을 위해 헌신하려는 자세와 맞바꿀 만한 다른 선택지는 없다. 그렇지 않다면, 교사에게 가르침을 완전히 포기하라고 요구할 것이다.

학생이 지식을 얼마나 습득했는지 모르는 상태에서 보이는 불굴의 끈기는 교사의 뛰어난 특질이 아닐 수 없다. 교사는 학생이 가장 관심을 기울이는 것에 흥미를 잃지 않게끔 이끌어야 한다. 이는 신앙과 크게 다르지 않다. 학생에 대한 교사의 헌신이나 신자의 신앙 모두 아직 존재하지 않지만 세상에서 최선이라고 할 만한 것이 무엇인지 상상해보라고 요구한다.


**끈기는 진이 빠지지 않게 한다.** 랠프 월도 에머슨<sup>Ralph Waldo</sup> Emerson은 "부단히 노력하는 영혼은 값싼 성공을 멀리한다"라고 했다. 값싼 성공을 멀리하는 교사라면 가르침을 다한 마지

---

• 에머슨이 1867년 6월 17일 파이 베타 가파회(Phi Beta Kappa Society at Cambridge) 모임에서 연설한 내용 중에 들어 있다.

막 날 스스로 최선을 다했다고 말할 것이며, 학생의 성취를 깎아내리려는 사람들보다 학생에게 꾸준히 헌신하는 모습을 보일 것이다. 자기 삶의 기준이 다른 이들에게 이익이 될 때 얻는 삶의 만족감은 어떤 저울로도 그 가치를 헤아릴 수 없다. 어떤 일이든 끝까지 견뎌왔다고 말할 수 있는 교사는 결코 포기하지 않는다. 이런 교사들에게 좀 더 쉬운 일을 찾는 것은 안중에도 없다. 이 교사들에게 그런 일은 별문제가 아니다.

**끈기 있는 교사는 다루기 어렵고 무관심하며 실패가 잦은 학생을 포기하지 않는다.** 교사와 학생의 기대를 넘어 학생들이 지식을 습득하고 세상에 대한 이해를 높여 학업에서 좋은 결과를 얻게 돕는 것이 교사의 책임이다. 어느 학급에나 성공하기 위해 애쓰고 여느 학생들의 일반적인 성취를 넘어서는 학생이 있기 마련이다. 다른 한편에는 열심히 노력하지만 실패하는 학생, 노력도 하지 않고 성공에도 관심 없는 학생들이 있다.

교사의 끈기는 학생들의 이런 다양한 특성 때문에 필요하다. 어떤 학생은 정말 열심히 노력하지만 능력이 그에 미치지 못해 많은 도움이 필요하다. 이런 학생에게는 교사가 가르치는 모든 내용을 반복해서 설명해줘야 하고, 학생은 자기가 배운 것을 늘 여러 번 검토하고 복습할 필요가 있다. 가장 다루기 힘든 케이스는 도무지 배우려고 애쓰지 않는 학생들이다. 노력하지 않고 도대체 어떻게 배울 수 있겠는가. 이런 아이들만큼 교사의 참을성을 호되게 시험하는 사례는 없다. 게다가 교사가 모든 노력을 쏟아붓는다고 하더라도 결과는 충분하지 않을 것이다.

이런 상황이라면 교사는 학생의 성장을 이루지 못했다는 절망감에서 도피해야 하는가? 결코 그렇지 않다. 교사는 이런 일로 기가 죽으면 안 된다. 절망감에 굴복하지 않는 것이 교사의 책임이다. 이는 교사의 윤리적인 문제이기도 하다. 교사는 이런 학생들의 문제를 극복하기 위해 쾌활하면서도 굽히지 않는 자세로 노력해야 한다. 그뿐 아니라 교사는 모든 학생의 가장 어려운 문제들도 결국에는 해결되리라는 희망을 견지해야 한다. 교사는 절대 흔들림 없이 견고한 태도를 취해야 하기 때문이다.

**끈기는 교사 스스로 학생을 위해 높은 기준을 제시하고 유지하게 한다.** 성취도가 낮을 때 경이로운 성과를 내기 위해 기준이나 예상 목표를 낮춰보려는 유혹을 한 번도 받지 않은 교사가 있을까? 이런 유혹은 교사가 매일같이 목표치에 도달하지 못하는 학생의 결과를 받아든 것과는 아주 다르다. 이때 교사는 자기가 제시한 기준이 학생들의 이익을 위한 것인지 아니면 학생들의 편의를 위한 것인지 스스로를 자주 돌아봐야 한다. 기준은 교사를 보기 좋게 만들려는 성적 향상이 아니라 학생들의 지식 습득에 두어야 한다.

학생의 현재 수준을 넘어서는 기준을 유지하면 몇몇 학생들의 실패가 따른다. 또한 학생뿐만 아니라 교사의 절망과 낙담을 불러온다. 그러나 제대로 생각해보면, 학생의 결점이란 단적으로 교사의 기대가 만들어낸 결과다. 따라서 교사는 채찍보다는 당근 전략을 사용해야 언제나 올바르게 일할 수 있다.

더욱이 교사의 모든 기대치는 곧 학생들에게 기준이 된다. 모든 학교나 대학 강의실에서 교사의 낮은 기대치는 수업과 강의를 만인의 웃음거리, '간단히 학점을 딸 수 있는 과정gut course'으로 만들어버린다. 수업을 듣는 모든 학생에게 A학점과 B학점을 뿌리는 것으로 유명한 존스Jones 교수는 진지한 태도로 고대 언어를 배우려는 학생들에게 전혀 도움이 되지 않는다. 반대로 너무 높은 목표를 잡으면 수업에서 큰 배움을 얻고 즐기려는 학생들이 떠날 수도 있다.

어떤 학년의 어느 과목에서 특정 규모의 학생을 상대로 적절한 기준치를 제시하기는 쉽지 않다. 가장 적절한 예상 목표를 제시하고, 학생들에게 목표를 분명히 제시하고, 수업할 때는 목표를 항상 염두에 두고, 어떤 활동이든 목표에 따라 학생들을 공정하게 대한다면, 교사로서 가장 확실한 성공의 길을 걸어가고 있는 셈이다.

교사는 장애물과 좌절에 맞서 성취하려는 목표가 무엇인지 꾸준히 자성해봐야 한다. 몇 년 동안 다루기 어려운 학생을 만났다면, 매년 만나는 학생들이 그룹별로 대체로 비슷한 특성을 보인다는 점을 금방 알아차릴 것이다. 학생들은 인간으로서 똑같은 재능과 약점을 지닌 동일한 범위의 인성을 보인다. 적나라한 사실 하나를 덧붙여보자면, 모든 수업과 강의는 듣는 학생들에게는 늘 새롭겠지만 지도 교사에게는 그렇지 않을 수 있다. 수업 요목이나 강의 계획이 달라졌다고 해도 마찬가지다.

여기서 중요한 점은 현실을 부담이 아닌 배움의 자극으로 받아들이는 것이다. 그래야 반복적인 활동에서도 활기찬 태도를 유지할 수 있으며 자기가 기울인 노력의 대가를 끌어낼 수 있다. 모든 교사에게 자신이 담당하는 강의는 지식과 이해를 찾아나가는 협력적 과정으로, 늘 새로운 이야깃거리가 된다.

학생뿐 아니라 교사를 위해서도 노력의 모든 단계에서 끈기는 의무가 된다. 그런데 교사는 막중한 책임감을 품고, 세상에서 가장 힘든 일에 끊임없이 헌신하라고 요구받기 때문에 누구보다 무거운 부담을 진다.

교사라면 누구나 이 일을 어떻게 수행해가야 할지 스스로 알아내야 한다. 교사는 학생들과 마주할 에너지를 어떻게 찾을지, 그래서 (다른 직업과 마찬가지로) 자신의 소명을 만들어내는 교과, 유머, 이해, 고객을 대하는 재주 등을 토대로 학생들의 배움을 어떻게 도울지 자기만의 방법을 찾아야 한다. 교사들이 직면할 수밖에 없는 다양하고 험난한 환경에서 다른 사람들의 배움에 헌신하겠다는 결심은 종종 시들 수 있다. 그러나 목적과 희망을 확고하게 부여잡는 것은 언제나 그러했듯 하루하루를 버티게 도와준다.

— ✦ —

"이런!" 불평이 들려왔다. "이제 자유투는 없나요?" "없어. 다른 애들 있는 곳으로 가라." 윌리엄 톰프슨William Thompson 감독이 뒤로 떠밀었다. "얘들아, 이건 나를 위한 게 아니야. 너희를 위한 거라고. 나도 당장 멈췄으면 좋겠다고 생각해. 그렇지만 열심히 노력하지 않으면 어떻게 챔피언십에서 우승할 수 있겠니?"

톰프슨은 토머스페인고등학교에서 7년째 남자 농구부 감독을 맡아왔다. 그에게 피곤함이나 절망감은 결코 낯선 단어가 아니다. 매 시즌 그가 가르쳐야 하는 아이들의 능력은 캘리포니아 북쪽 강변의 모래알처럼 금덩어리를 안겨주지 않았다. 그가 짊어진 책임감은 '가공되지 않은 원료'(감독들은 자기 팀 학생들을 흔히 이렇게 부르곤 한다)들을 맡아 든든하고 훌륭한 선수로, 어쩌면 챔피언십 도전자로 바꿔놓는 것이었다.

톰프슨은 말을 듣지 않는 전형적인 사춘기 학생들을 맡았다. 감정을 제대로 조절하지 못하고, 존경이라고는 모르며, 명령에 따르기를 거부하는 남자아이들 말이다. 아이들은 이혼 가정이나 경제적으로 궁핍한 지역사회 같은 불우한 환경에서 자랐고 세상이 다른 사람들에게 부여하는 많은 것들에 거부당해왔다. 톰프슨 감독의 학생 시절도 다르지 않았다. 그래서 부모가 자신에게 전하려고 했던 내적 훈련을 아이들에게 전해주고자 최선을 다했다. 결코 쉽지 않은, 고된 일이었다.

하루 두 시간은 아이들 18명의 변화를 만들어내기에 너무 부족했다. 더구나 교실 수업이 아닌 운동장에서 운동경기를 통해 해내야 했다. 성적이라는 자극도, 교실 훈육의 위협도 없다는 의미였다. 모범을 보이고 희망을 주는 것만이 가능했다. 이 두 가지는 학생들이 이미 갖춘 것이라기보다는 더 확고한 결단에 따라 끌고 나가야 하는 것이었다.

톰프슨 감독은 교실에서 가르치는 동료들과 한 팀을 이룬 교사로, 오로지 아이들이 사려 깊고 성숙한 미래의 시민으로 발전해가는 데 관심을 쏟았다. 그가 지도하는 팀의 학생들은 톰프슨 감독을 억센 훈육가라고 생각했다. 또한 학생들은 톰프슨 감독이 자기들 편이라는 것과 감독도 자기들처럼 경기에서 이기기를 간절히 원한다는 것을 잘 알았다.

그러나 학생들이 모르는 사실이 하나 있었는데, 톰프슨 감독과 함께하는 훈련과 경기에는 단 하나의 목표만 있다는 점이었다. 톰프슨 감독에게는 우승이 아니라 배움이 전부였다. 즉 우승하는 방법을 배우려고 노력하는 것이 톰프슨 감독과 그의 팀에게 주어진 유일한 목표였다.

"자, 다시 해보자." 톰프슨 감독은 애원하듯 지시를 내렸다. "드웨인, 넌 아직도 오른손을 너무 높이 올려. 프랭클린, 무릎을 너무 자주 굽히지 마라." 이렇게 또다시 15분이 흘렀다. 모든 학생은 기진맥진했다. "자, 이제 끝내자."

토머스페인고등학교는 독특하게도 운동부 감독을 교사진에 포함하고 있었다. 교과를 가르치든 아니든 감독들 또한 가르치는 사람이었다. 톰프슨 감독은 본래 과학 교사로 교육받았다. 그러나 이른바 유명한 운동선수로 알려졌기 때문에 학교는 그에게 번번이 패배하는 농구팀을 맡아달라고 부탁했다. 그는 "제가 생물을 계속 가르치게 해주신다면 그렇게 하죠"라고 제안했다. 그래서 자기 시간의 절반은 교실 수업으로 진행했다. 톰프슨 감독은 자기 팀 학생들이 경기에서 이기기를 원하는 만큼 교실 수업에서도 우수한 성적을 거두기를 바랐다. 그러나 올해는 경기에서 우승하겠다는 목표를 달성하기가 전보다 더 힘들어 보였다.

"봐, 얘들아." 톰프슨 감독이 다음 훈련을 시작했다. "너희는 골밑슛이나 외곽슛에서 뛰어나. 그렇지만 많은 경기에서 이기고 지는 건 3점슛 라인에서 결정돼. 오늘 훈련은 3점슛에 집중할 거야. 제대로 할 수 있을 때까지 훈련하고 또 해야 해." 학생들은 한꺼번에 "안 돼요"라고 외쳤다. "다시 하지 마요." "아냐, 다시 할 거야. 여기 놀러 온 줄 알아? 올해 챔피언십에 이겨서 우승 트로피를 가져와야 하지 않겠니? 너희가 그냥 즐기자고 해도 난 괜찮아. 그런데 즐거워 보이지도 않는구먼. 우리가 열심히 훈련하지 않으면 리그 경기에서 우승할 가능성은 없어져. 훈련하지 않고 재미있게 노는 거랑, 이기지 못하더라도 정말 최선을 다해 노력했다는 만족감을 위해 열심히 훈련하는 거, 어느 쪽을 택할래?" 질문 속에 정답이 들어 있었다.

톰프슨 감독은 그다음 교사회의 때 동료 교사들에게 자기 팀 아이들의 이름표를 나눠주었다. "선생님, 이 아이들이 자기 공부에 소홀하게 내버려두지 마세요. 요즘 스트레스가 엄청나겠지만, 아이들은 모든 일에서 끈질기게 참아내는 법을 배워야 해요. 잘 배울 수 있게끔 선생님들이 도와주시라고 이름표를 드리는 겁니다. 이게 제가 하려는 일이에요."

톰프슨 감독은 자기 방법이 제대로 먹히는지 아닌지 한 번도 명확하게 말하지 않았다. 몇몇 학생은 포기하려 했다. 몇 명은 감독의 지시를 따르지 않았다. 결국 두 명이 싸움을 벌였다. 톰프슨 감독은 동료 교사에게 "우리가 지금 뭘 하고 있는지 도무지 모르겠어"라고 속내를 털어놓았다. "노력하고 노력하고 또 노력했는데, 좀처럼 나아지는 것 같지 않아."

상황이 그렇게 보였을 것이다. 그러나 어쨌든 톰프슨 감독이 이끄는 팀은 경기에서 이기기 시작했다. 팀의 어떤 아이들은 훈련의 강도를 좀 줄여도 되지 않겠느냐는 신호를 보냈다. 그러나 톰프슨 감독은 이렇게 반응했다. "절대 안 된다. 우리 중 어느 누구도 꾸물거려서는 안 돼. 저마다 우리가 할 수 있는 일을 모두 완수했다고 말할 수 있을 때까지 전력을 다해야 한다."

그들은 실제로 그렇게 했다. 시즌이 끝날 무렵, 결승전에서 어렵사리 우승하고 리그 챔피언 자리를 굳혔다. 점수는 73 대 70이었는데, 3점슛이 승리의 요인이었다.

"너희가 나를 '오 맨oh man'•이라고 불러서 자꾸 나를 멈춰 세우려고 했지. 내가 그 말을 더는 듣고 싶지 않을 때까지 말이야. 그런데 그렇게 멈춰 서면 뭐가 좋지? 이렇게 내가 잔소리하지 않았으면 너희는 챔피언십에서 우승하지 못했을 거야. 자, 여기서 어떤 교훈을 얻었어?"

"네, 감독님!" 하는 대답이 들려왔다. "우리에게 교훈이 있죠. 절대 포기하지 마라. 절대로."

---

• 실망이나 짜증을 표현할 때 사용한다.

# 인격

## Character

전설에서든 실제 역사에서든, 옛날이야기 속 교사는 감정적
이면 안 되는 존재였다. 교사의 품성을 드러내는 가장 일반적
인 표징은 엄숙함이었다. 18~19세기 교실을 묘사하는 내용을
살펴보면 교사는 종종 회초리나 채찍, 자를 이용해 불운한 학
생에게 체벌을 가하는 모습으로 그려진다. 올리버 골드스미스
Oliver Goldsmith가《황폐한 마을The Deserted Village》에서 보여주는 교
사는 '쳐다보기조차 너무 힘들 만큼 매정한' 사람이었다.

나는 그를 잘 알고 있었어. 태만한 모든 아이도 잘 알고 있었지.

불안에 떨고 있는 아이들은

그의 아침 인상을 보고 그날의 재앙이 어떨지 예감했지.

지금은 골드스미스의 글에 등장하는 '매정한 사람man severe'
과 같은 교사는 거의 없다. 오늘날 성공적이고 존경받는 교사
는 무서운 얼굴로 엄하게 훈육하기보다는 온화하고 유머 감각
을 갖췄으며 참을성 있는 사람들이다. 그렇다고 교사가 늘 장
난스러운 광대라는 얘기는 아니다. 교사는 그렇게 행동하면 안
된다. 요즘에는 과거의 교직에 흔히 있던 염세적인 불쾌함을
거의 찾아보기 어려워졌다. 늘 그랬듯이 교사의 성격은 그다지
황홀하지는 않더라도 매력적이어야 한다. 피리 부는 남자가 하
멜른의 모든 아이를 데리고 가버린 것은 음악과 어릿광대의 별
난 의상 때문이지 않은가.

사람의 성격을 새로 만들어낼 수는 없다. 다만 묘사할 뿐이
다. 교사는 일터인 학교에서 자신의 모습을 남김없이 보여주
어야지, 다른 사람인 듯 꾸며서는 안 된다. 성격이 중요한 이유
는 바람직해 보이는 성격이 학생들을 즐겁게 해서가 아니라,
도덕적 본성의 특징으로 학생에게 배움을 제공하고 향상해야

하기 때문이다. 예를 들어 유머 감각이 떨어지거나 함께 어울릴 줄 모르는 성격이어도 최소한 학급의 몇몇 학생에게는 다가가려 애쓰는 교사들이 있다. 그런가 하면 재능이 풍부하고 영감을 불러일으키는 교사 중에도 학생들이 교사에게서 잘 배우지 못한다는 이유로 학생들에게 다가가지 못하는 경우가 있다. 인간 성격의 적합성을 둘러싼 신비라고나 할까?

그러니 교사가 학생들의 배움을 위해 엄격하게 접근하거나 반대로 부드럽고 설득적인 방식을 사용하는 것이 부적절하다고 누가 이야기할 수 있겠는가. 모든 교사는 선천적으로 주어진 심리적·도덕적 특성을 어떻게 이용해서 최선의 효과를 낼수 있을지 심사숙고해야 한다. 방법과 기술로 지탱되는 교수법은 교사의 성격적 특성을 절대 대체할 수 없다.

젊은 교사가 종종 빠지는 함정이 있다. 자신에게는 '가르치는 데 딱 맞는 성격teaching personalities'이 없다고 가정한다는 점이다. 이런 교사들은 무의식적으로 연기하는 배우 같다. 저도 모르게 학창 시절 자기가 좋아했던 선생님이나 대학 멘토를 떠올리며 자신에게 주어진 배역을 연기한다. 연극은 성공적인 교사가 지닌 중요한 기술일지 모른다. 그러나 그런 역할을 받아들여 연기하려면 반드시 그리고 항상 깊이 생각해야 하며,

또 그것은 일시적이어야 한다. 연기는 언제나 좋은 효과를 위해서만 써야 한다.

자기가 지금 하는 일이 무엇인지 제대로 깨닫지 못하고 영원히 가면을 쓸 수 있다고 여기는 교사는 특히 학생들에게 공격적인 태도를 보인다. 학생들은 교사의 기만적인 가면을 얼굴에서 벗겨내는 데 탁월한 재능이 있기 때문이다. 교실은 무대가 아니다. 효과적인 교수 학습을 위해 다른 인격을 갖춰야 한다는 의무감에 짓눌린다면 그는 아마도 교사를 해서는 안 될 첫 번째 사람일 것이다.

이런 유형의 대표적인 사례로 테런스 래티건Terence Rattigan의 무대 연극 〈사랑의 교정The Browning Version〉에 등장하는 가엾은 앤드루 크로커 해리스가 있다. 수년에 걸쳐 학생들이 그의 등 뒤에서 "5학년의 히틀러The Hitler of the Lower Fifth"라고 부를 만큼 그는 매정하고 냉정한 인물이었다.

그런데 퇴직하기 바로 전날 학생들이 로버트 브라우닝Robert Browning이 번역한 《아가멤논》 중고 책을 선물하자 놀랍게도 그는 눈물을 흘렸다. 믿기 어렵지만, 크로커 해리스의 40년이 넘는 교직 생활에서 자기의 진짜 성품을 학생 앞에 내보인 첫 순간이었다. 그러나 연극 대본은 크로커 해리스를 정신질환의 경계에 몰린 사람으로 그럴듯하게 그린다. 연극 속에서 크로커 해리스는 평생 스스로를 고의로 부인하며 속임수를 쓰는 셈이다.

만약 교사에게 적합한 가장 이상적인 성품이 있다면, 양극단의 중간 어디쯤에 놓여 있을 것이다. 친절하다는 것이 물러터졌다거나 허약하다는 말은 아니다. 또한 학생에게 많은 것을 하라고 요구한다고 해서 그들을 불공정하게 대하는 것이 아니다. 균형은 교사가 자신의 본성을 자제하고 열정을 담아 지적 흥분을 관대하게 나눠주려는 데서 실현될 수 있다. 이렇게 실현된 균형은 교사가 학생과 맺어온 적절한 관계가 망가지지 않게 지켜준다.

성공적인 교사가 되는 데 어떤 성격이 필요한지 가려내기는 어렵지 않다. 성격이 길러지는 것인지 천성적으로 주어지는 것인지는 유전학자들이 고민할 문제다. 똑똑한 젊은이들에게서 좋은 교사가 되는 데 필요한 성질을 발견하고는 교사가 되어보라고 강권하는 경우가 있다. 예컨대 동료 친구들에게 베푸는 배려나, 공부에 도움이 필요한 사람들에게 보이는 친절함 같은 것 말이다. 그러나 특정 교과에 흥미를 느껴서, 또는 교직이 돈을 벌 수 있는 유일한 수단이라는 이유로 교사를 택한 사람들은 교실에서 큰 어려움에 봉착할 것이다. 어쩌면 실패자가 되고 불행해질 수도 있다. 이들의 성정이 교직에 전혀 맞지 않기 때문이다.

교사의 나이와 세대별 성향 또한 가르침에 영향을 끼친다. 23세의 교사가 18세 학생들의 학급을 맡아야 할 수도 있다. 이때 학생들은 젊은 교사를 큰 형이나 누나 정도로 생각할지도 모른다. 이런 학급에 들어선 교사가 나이 든 사람을 흉내 내봐야 별 효과가 없을 것이다. 교사가 학생보다 15~20살쯤 나이가 많다면 학생들은 교사를 부모의 대리인 정도로 생각할지도 모른다. 좀 더 나이가 들어 얼굴에 삶의 이력이 새겨져 있으면 할머니나 할아버지 역할이 더 적절할 것이다. 나이가 들어가며 그때그때 연령대에서 교사로서 학생과 적절한 거리를 유지하려면 성품을 성숙시켜야 한다. 교사는 나이 드는 과정이 학생에게만 영향을 끼치리라는 망상에 빠져들면 안 된다.

그러나 교사에게 딱 맞는 단 하나의 이상적인 성격이란 없다. 인간의 유형은 헤아릴 수 없을 만큼 다양하기 때문에 교실에서는 온갖 종류의 성격이 **'작동'**할 수 있다. 가르침의 이런 요소는 특별히 정의 내리기 어렵다. 그렇지만 여기에도 일반적이고 보편적인 특성이 있다.

**교사의 가르침에 걸맞은 인격은 진정한 것이어야 한다.** 고대 그리스인들이 "너 자신을 알라Know yourself"라고 했듯이 가르침의 첫 번째 규칙은 '너 자신이 되어라Be thyself'다. 천성적으로 평범하고 무형식적이며 점잖은 교사가 학생 앞이라고 일부러 엄격하고 훈육을 앞세우며 무자비하게 행동하면 안 된다. 본성이 진지하고 무뚝뚝한 교사가 쾌활하고 수다스러운 사람인 척 수업하면 안 된다. 모든 교사는 자기가 타고난 특성을 받아들여야 하며, 교실에서 학생들의 행복을 위해 특성을 잘 활용하려고 애써야 한다. 교사에게 완벽함을 요구하지는 않지만 자연스러움은 꼭 필요하다.

홀륭한 교사는 좋든 싫든 자신의 특성을 계발하고 활용해 여러 교실에서 가르침이 일어날 수 있게 충분한 자기 지식self-knowledge을 갖추었다. 인격에 기초하지 않은 지식이나 기술은 학생들에게 별 영향을 끼치지 못한다. 그러나 교사가 교과에 쏟아부은 엄청난 열정과 경험으로 배운 지식은 학생들의 호기심을 끌어당길 뿐 아니라 확신을 심어준다. 교사가 자신의 진실된 모습을 교실로 들여오는 것은 교사다움의 본질로, 배움에 도움이 되는 한 교사는 언제나 학생들 가까이 있어야 한다.

**인격은 일관되어야 한다.** 훌륭한 유머 감각, 침착함, 다정다감한 태도는 학생들이 교사에게 기대하는 최고의 성품이다. 학생들이 교사에게 무엇을 기대하는 것은 잘못된 일이 아니다. 학생들은 교사의 태도가 안정적일 때 가장 잘 배운다. 감정이 갑자기 크게 바뀌거나 화를 내거나 실망하거나 절망할 여지가 거의 없기 때문이다.

이런 감정은 교사의 사생활을 크게 괴롭힐지도 모른다. 그러나 이런 감정이 교실 안으로 들어오지 않게 해야 한다. 학생에게 전혀 도움이 안 될 뿐 아니라 교과 내용을 익히는 데에도 효과적이지 않다. 그렇다고 위선적인 태도를 보이라는 말은 아니다. 직업의 특성상 더 큰 성취를 위해 개인의 성격을 확고하게 통제할 필요가 있다는 뜻이다. 적어도 교사에게는 다소 금욕주의적인 냉철함이 있어야 한다.

**인격은 지난 과오와 실수를 인정함으로써 인간적인 면모를 보여주는 것이다.** 교사의 인격이 진실하고 일관되어야 한다는 것은 인격에 아무런 흠이 없어야만 한다는 뜻이 아니다. 교사의 인격에도 흠은 있기 마련이다. 교사는 학생에게 영향을 미치는 지식의 수준이나 자아의 흠결에 정직해야 한다. 교사가 개인의 문제를 굳이 수업시간에 고백할 이유는 없다. 그렇지만 그로 인해 발생할 우려가 있는 문제에 대해 미리 양해를 구한다면 학생들에게서 신뢰를 얻고 모범적인 행동을 통해 학생을 지도할 수 있다.

수업에서 사실 관계를 잘못 제시한 경우에는 되도록 얼른 실수를 인정하고 고쳐야 한다. 교사가 수업 내용을 전달하는 모든 교수법에 통달할 수는 없다. 또한 어느 누구도 교사라면 그래야 한다고 기대해서는 안 된다. 그러나 가르침의 가장 중요한 목표는 정확한 지식을 전달하는 것이다.

교사는 자기가 전달하는 사실이나 해석에서 실수할 경우 솔직하게 인정해야 하며, 더 잘 전달할 수 있는 교수법을 개발하기 위해 노력해야 한다. 그리고 이 두 가지가 수업에 얼마나 중요한지 학생에게 설명해야 한다. 그러면 학생들은 배움이 향상되고 정직한 교사의 모범을 경험하게 된다. 학생들은 배움의 과정에서 겪는 어려움을 교사가 어떻게 극복하는지 자연스럽게 익힐 것이다. 아마 이것이 훨씬 중요한 배움이 되지 않을까. 학생들은 교사의 태도를 통해 배움을 더 잘 이해하게 될 것이다.

**인격은 사회성을 갖추기를 원한다.** 교사와 학생은 너무 친숙하지도 데면데면하지도 않은 그 중간에서 균형 잡힌 관계를 맺어야 한다. 교사는 학생의 가장 친한 친구가 되면 안 된다. 그러나 교사는 학생에게 언제든 접근할 수 있고 학생의 삶과 배움에 관심을 기울이는 사람이라는 느낌을 주어야 한다. 교사가 갑자기 학생을 밀어내는 경우가 있다. 학생의 질문과 문제 제기에 좀 더 주의를 기울여 잘 듣고 관심을 쏟는다면 학생을 도울 수 있을 텐데 말이다. 반대로 어떤 교사들은 자기가 모든 것을 다 아는 듯이 너무 친근하게 대한다.

가르침에서 교사는 학생의 뒤에 머물러야 하고 자신의 영향 없이도 학생이 성장할 수 있게 격려할 필요가 있다. 이처럼 교사는 지나치게 인간적인 성향에 대해 꾸준히 경각심을 지니는 것이 중요하다. 그중 최고는 학생에게 수업이나 공부와 관련된 상담 자료를 제공하는 것이다. 이때 교사는 학생과 너무 가깝지도 멀지도 않은 상태에서 개인적인 특성을 감안해 학생의 요구에 적절히 조언해야 한다.

**인격은 나이 들수록 더 성숙해져야 한다.** 교직 생활을 이어가면서 자기다운 교사가 되고자 끊임없이 노력해야 한다. 40대중반이 된 교사가 20대 초반에나 어울렸던 개성에 매달려 있는 것은 큰 실수가 아닐 수 없다. 물론 20년 전에 효과적이었던 자신만의 특징을 유지하려는 의식적 경향을 이해하지 못하는 바는 아니다. 그러나 교사는 교실에 들어서는 자신의 자아가 변화하는 모습에 대해 자유로워야 한다. 교사가 젊은 시절의 장점을 고수하며 스스로를 전형화한다면 조롱받기 십상이다.

**인격은 개인마다 분명히 구별되고 독특해야 한다.** 고대 그리스인들은 인간의 성격을 묘사하기 위해 '인격character'이라는 말을 사용했다. 이 단어는 정체성과 가치를 한꺼번에 담아야 하는 동전과 문장(紋章)의 느낌을 담고 있었다. 인격이 지닌 화폐의 이미지는 아마도 가르침에 적절하게 적용될 수 있을 것이다. 가르침은 진실함을 요구하며 거짓을 피하려고 하기 때문이다.

강렬한 인격을 지닌 교사는 깊고 또 날카로운 인상을 보여야 한다. 이런 이유로 교사는 세간에서 좀 괴팍하다는 소리를 듣는다. 때로는 '진짜 인격real characters'이라는 말을 듣곤 한다. 이런 표현이 교사를 비난하려고 쓰인 경우라도 교사들은 이를 신뢰에 바탕을 둔 칭찬으로 들어야 한다. 진정한 가르침은 참된 인격에서 나오기 때문이다. 학생에게 자기만의 독자적인 인상을 주는 교사는 학생들을 진정한 배움으로 더 잘 이끌 수 있을 것이다.

모든 고려 사항은 단 하나의 원칙으로 귀결된다. 교사는 자기가 아닌 다른 이의 역할을 대신하면 안 된다. 자기만의 고유한 인격을 교사다운 모습으로 차츰 발전시켜야 한다. 모두에게는 극복하거나 누그러뜨려야 할 성격의 단면들이 있다. 특히 교실에서 학생들과 함께 있을 때면 말이다. 냉소주의, 경박함, 이기심, 게으름 등은 보편적이라고 해도 될 만한 특질 아닌가. 이런 성격 탓에 효과적인 가르침이 종종 방해를 받는다. 이런 성격들은 진정되어야 한다. 아니, 강하게 억눌러 발현되지 못하게 막아야 한다.

복도에서 문턱을 넘어 교실로 들어설 때 교사는 일종의 정화 과정을 거칠 필요가 있다. 중세에는 강의나 수업을 진행할 때 반드시 학위복을 입게 한 관례가 있었다. 교사가 길고 검은 학위복을 입으면 적절하고 전문적인 태도로 행동할 수밖에 없다. 관습은 가르침이라는 직업의 심각성을 아주 가까이에서 끊임없이 되새기게 해주었다. 교사들은 더는 학위복을 입지 않지만, 가톨릭 신부, 유대교 랍비, 개신교 목사, 판사, 의사, 경찰관 등 전통을 따르는 직업은 지금도 자기 일에 걸맞은 옷을 입는다. 직무에 맞는 옷이나 제복을 입었을 때 심리 상태가 일에 적합하게 조절된다는 사실은 의심할 여지가 없다.

오늘날의 교사들은 관습적 준비가 부족하다. 교사의 준비는 오로지 보이지 않는 내면에서 이루어진다. 특별한 복장을 입는 것보다 더 큰 의지의 집중력이 필요하다. 물론 성격의 어떤 측면이 훌륭한 가르침에 보탬이 되는지 이해하는 일도 중요하다.

교사가 가르침에 필요한 적절한 인격을 쌓으려면 무엇보다 자신의 성격과 경험에서 학생이 지식을 습득하는 데 도움이 될 만한 요소를 찾고자 노력해야 한다. 교사가 이런 일을 해내는 방식은 모두 독특하며, 교실에서 일관되게 존재하는 인간성을 탐색하는 노력과 성과 또한 고유하다. 이때 반드시 의식적인 노력이 따라야 한다. 도전 과제를 피하면 가르침의 전체 목적을 달성하지 못할 수도 있다.

─── ✦ ───

유쾌함은 철학을 계속 공부하는 데 방해가 되고 너무 많은 유머는 지속되는 가르침의 노력을 매몰시켜버린다는 옛말이 있다. 적어도 이 말은 심리학 강좌를 담당하는 54세의 지역사회 대학 교수인 프란시스코 가르시아<sup>Francisco Garcia</sup> 교수에게는 딱 들어맞는다. 미식축구 수비수 출신다운 거구에 산타클로스처럼 명랑한 가르시아 교수는 젊은 학생들에게 인기가 높았다. 삶을 대하는 태도가 유연하고 코미디에 무척이나 능하기 때문이었다.

학생들은 대체로 교수를 두 부류로 구분한다. 농담할 줄 아는 교수들과 그렇지 않은 교수들로 말이다. 학생들에게는 가르시아 교수가 어떤 그룹에 속할지 아주 뻔했다. 노래와 춤을 곁들인 통속 희극과 슬랩스틱 코미디는 가르시아 교수의 강의에서 빠지지 않는 요소였다. 농담이나 판에 박힌 일상이 진부하면 진부할수록 웃음소리는 더 컸다. 대부분의 웃음이 가르시아 교수에게서 터져 나오기 때문에, 학생들은 한바탕 웃고 떠들 수 있는 기회를 되도록이면 그가 만들어내게 두었다. 특히 그의 장모는 별로 좋지 않은 주제로 이야기에 자주 오르내렸다.

　프란시스코 가르시아는 강의실에서 스탠드업 코미디를 하는 사람처럼 농담과 정곡을 찌르는 말을 두 번씩 내뱉곤 했다. 자기가 농담을 던질 때 강의실에 붙들려 있는 학생의 반응이 어떨지는 거의 신경 쓰지 않았다. 그의 독백으로 진행되는 얼마 안 되는 심리학 수업은 웃음 섞인 우스갯말로 이루어졌다. 학생들은 그의 강의를 농담과 연관된 것으로만 기억하거나 아무것도 기억하지 못했다.

　학생 대부분이 인정하듯 가르시아 교수는 대학에 맞는 성격을 지닌 사람campus character으로, 대학의 다른 교수들과는 몹시 대조적이었다. 다른 교수들은 실수에 지나치게 엄하거나, 사람이 아무리 좋아도 학생들의 농담을 비웃는 경향이 있었다. 이와 달리 가르시아 교수는 학생들을 즐겁게 해주었고 그 대가로 학생들은 그를 참아주었다.

　가르시아 교수의 수업은 기대하는 바가 적고 큰 노력 없이 들을 수 있는 강의라는 평가가 일반적이었다. 그러나 몇몇 학생은 가르시아 교수의 강의에 강한 분노를 표했고 수업 방식이 몹시 부적절하다고 생각했다. 심지어 가르시아 교수의 장난이 학생들의 지식을 우습게 보는 모욕적인 것이라고 받아들였다. 그러나 이렇게 생각하는 학생은 극소수였다. 이 학생들은 오히려 자신이 수업의 흥을 깨는 게 아닌가 하는 죄책감을 느꼈다.

가르시아 교수는 강의를 시작한 지 얼마 안 되어 심리학을 가르치는 것보다 학생들을 웃기기가 더 쉽다는 사실을 깨달았다. 학생들에게 자신이 얼마나 웃긴 사람인지 알려주는 것이 좋았다. 그럼으로써 자기가 인기 좋고 학생들에게 사랑받는다고 느낀 것이다. 심리학을 더 배우고 싶어 농담을 참아내는 몇몇 학생이 보이는 적대감은 그에게 별문제가 되지 않았다. "어떤 상자에든 나쁜 사과 몇 개는 있기 마련이죠." 그가 스스로를 위로하듯 내뱉었다.

유머 섞인 재담 사이사이에, 가르시아 교수는 학생들에게 지금까지 배운 내용을 알아야 한다고 말했다. 혹시 교과서에서 이해하지 못한 내용이 있다면 언제든 자기한테 질문하라고 했다. 이런 방식으로 그는 학생들에게서 별 질문을 받지 않은 채 '진도를 나갔고', 농담으로 쉽게 넘길 수 있는 문제들만 대답으로 갈음했다.

가르시아 교수에게 질문을 던지려는 학생들은 다른 친구들 앞에서 자신의 무지함을 받아들여야 한다는 압박을 받았다.

뿐만 아니라 가르시아 교수의 끝없는 말장난이나 수강생 전체를 상대로 한 놀림에 자신의 이름과 출석이 이용된다는 느낌을 받았다. 우드Wood라는 이름의 한 남학생은 어느 날 아동의 발달에 관한 순진한 질문을 했다가 자기 성질을 건드린다느니, 잘못된 나무에 대고 짖는다는 등의 장광설을 들어야 했다. 게다가 우드는 도대체 왜 그런 질문을 '하려고 했는지' 되레 따지는 듯한 물음을 몇 번이나 받았다. 가르시아 교수는 만약 우드의 아버지도 우드 나이 때 비슷한 의문을 품었다면 우드는 분명 아버지와 꽤 많이 닮았으리라는 말까지 했다.

가르시아 교수가 멍청하거나 어리석어서 농담을 일삼았다면 그의 이런 행동은 교수로서의 직업을 위험에 빠뜨렸을 것이다. 그의 유머가 불쾌하거나 외설적이었다면 학부모, 학교 행정가, 교육담당자들에게서 문제 제기를 받아 골치 아파졌을 것이 분명하다.

그러나 가르시아 교수는 종교, 성, 저속한 신체 기능과 관련된 표현을 피함으로써 그런 문제를 일으키는 단계까지는 가지 않았다. 그는 동료들에게 늘 친절했고, 각종 위원회에 기꺼이 참여해 봉사했다. 그런 자리에 가면 늘 학생들의 어리석음을 향해, 심리학의 아주 간단한 이론마저 제대로 익히지 못하는 무능함을 향해 성난 연설을 쏟아내곤 했다. 학생들의 수업 준비가 제대로 되어 있지 않다며 점점 더 강한 어조로 웅변하기까지 했다. 그는 고등학교 교과 수업이 대학 교육에 제대로 대비하지 못한다고 하면서 자신의 부적절한 가르침의 책임을 학생들의 이전 교육체계에 떠넘겼다. 그의 많은 동료들은 재능이 뛰어난 가르시아 교수가 어쩌다 바보 같은 학생들을 만나게 되었다고 믿었다.

강의실에서 가르시아 교수가 보여주는 성격은 그를 위로하지만, 교수는 정작 자기 강의를 듣는 학생들에게 무엇이 필요한지, 학생들에게 필요한 지적 복리intellectual welfare가 왜 중요한지에는 아무런 관심을 기울이지 않았다. 그의 가장 큰 목표는 스스로를 즐겁게 하는 것으로, 다른 사람들이 겉으로 내보이는 즐거움은 자신의 즐거움이 만든 기분 좋은 부산물 정도에 지나지 않았다. 어쩌면 그에게는 물건을 팔거나 홍보하는 일 또는 남을 웃기는 일이 더 어울렸겠지만, 그가 그런 직업에서 성공했다 한들 그 성공은 자신의 실수와 문제를 남의 탓으로 돌려버리고 들키지 않는 능력 덕분이었을 것이다. 그는 아마도 두 직업에서 모두 성공하기 어려우리라 여겼을지도 모른다. 그래서 지역사회 대학 교수로 계속 남아 있었다.

가르시아 교수에게 중요한 표어가 있다면, '학생들을 웃겨라Leave 'em laughing' 정도가 적절할 것이다. 확실히 이 말은 '학생들을 배우게 하라Leave 'em learning'라는 뜻은 아니다. 그는 일찍이 교수 경력을 시작할 때부터 강의실에서 농담을 하면 학생 대부분의 호감을 쉽게 살 수 있음을 성공적으로 경험했다. 그는 대중적 인기에 굴복했다. 즉 그는 잘 가르치는 일보다 자신의 취향을 택하는 것이 손쉽게 박수갈채를 받을 수 있는 훨씬 더 강력한 방법이라고 판단했다. 그의 취향은 교수 경력을 이어갈수록 확고해졌다.

거의 40년에 이르는 강의 경력을 마쳤을 때, 그의 가르침은 퇴임식에서 '헌신적인 봉사'라고 묘사되며 칭송받았다. 그는 대학에서 가장 꽃다운 시간을 전임 교수들을 혹평하거나 강의실 교수 학습을 어떻게 개혁해야 하는지에 관한 글을 쓰며 보냈다. 그의 글에는 중요하다고 할 만한 내용도 권위도 없었지만, 그의 이런 글을 읽는 독자도 있었나 보다. 프란시스코 가르시아는 아주 만족하면서 (이들이) "배꼽을 잡고 웃었다"고 적었다.

# 즐거움

## Pleasure

어떤 사람들은 그림을 그리거나 연구에 매진하는 등 자기가 진짜 좋아하는 일을 하는 동시에 수입을 얻고자 가르치는 일을 직업으로 삼는다. 그러나 대부분의 교사는 가르침이 주는 심오한 만족감 때문에 가르치는 일을 한다. 가르침이 어떠해야 하는지를 이보다 잘 표현할 수 있을까? 진정으로 잘 가르치는 교사 가운데 자기가 가르치는 교과목에 매혹되지 않은 사람이 몇이나 될까? 교실에서 학생들과 공존하는 것을 사랑하지 않는 교사들이 있을까? 다른 이들의 마음과 삶에 영양분을 공급함으로써 충족감을 느끼지 않는 교사가 있을까?

대부분의 교사는 자기 과목에 매혹되어 있고, 학생들과 함께하는 삶을 사랑하며, 다른 이들의 삶에 영향을 주는 데서 충족감을 느낀다. 이것이 웃음, 유머, 재치 등 아주 평범한 삶의 즐거움을 안겨주기 때문이다. 가르침은 그 자체로 아주 다양한 즐거움을 가져오고 전해주어야 한다. 가르침은 일이면서 놀이이기도 하다. 교실은 엄중한 정신이 모인 장소이자 가벼운 마음을 위한 장소다. 교실은 지식이 욕망에 단단히 고정된 장소이며 이해를 위한 열정이 충족되는 장소다.

교실에 대해 엄격한 청교도적 신념을 품은 사람들에게는 이런 표현들이 일종의 이단 교리처럼 들릴지도 모르겠다. 그러나 명심해야 할 것은, 모든 교수학습의 목표가 언제나 더할 나위 없이 진지하다고 해도 정신을 훈련하는 방법은 마음을 훈련하는 방법만큼이나 아주 많고 다양하다는 점이다. 즐거움은 이런 정신훈련을 위한 최고의 길이다.

뭔가 설명하기 어려운 이유로 교과 지식에 마음이 끌려 공부하는 학생을 한 번도 본 적 없는 교사가 있는가? 학생들이 어려운 교과 지식을 익힌다고 할 때, 교사는 흥이 솟구치면 안 되는가? 학생들의 배움을 위해 자부심, 경외, 칭찬을 보상으로 주면 안 되는가? 학생과 교사가 서로 배우고 함께 성장해가면 서 기쁨이나 행복, 이따금 들뜬 마음과 같은 감정을 경험하지 못한다면 뭔가 잘못된 것 아닐까?

당연한 말이지만 가르침은 학생들을 초청해 참여시키는 지적 놀이의 장이다. 학생들은 놀이를 통해 배우는 모든 과정에 서 기쁨·집중력·창의성 등, 다른 평범한 놀이를 할 때 발현하는 것과 똑같은 정신과 기운을 불러내라고 요구받는다. 교실에서 이루어지는 놀이(게임, 연극, 논쟁, 대결 등 어떤 형태건)를 진지함이 결여된 활동으로 해석하는 사람들은 아주 큰 실수를 저지르는 셈이다.

게임에 푹 빠져 있는 어린 학생들을 보면 알 수 있듯, 학생들은 즐거움을 탐닉하면서 정말 진지하게 집중한다. 반대로 교사 또한 지식을 가르치면서 학생들과 함께 즐거움에 푹 빠질 수 있다. 농담을 하거나, 날카로운 풍자를 선보이거나, 역할극 등을 하면서 느끼는 즐거움은 배움의 광범위한 목표를 향해 나아가게끔 돕는다.

웃음은 대개 진리를 터득했을 때 터져 나온다. 교사의 웃음에는 종종 이보다 더 많은 의미가 담겨 있다. 자기가 가르치는 교과목을 편하게 여긴다거나 교과 내용을 온전히 숙달했다는 뜻이다. 코미디 이론가들에 따르면 우리가 유머라고 알고 있는 다양한 종류의 즐거움은 단어, 생각, 이미지를 새롭고 생동감 있게 재구성하면서 새로운 이해의 가능성을 열어주거나 창조해낸다.

이때 가르침의 즐거움은 상호적이다. 교사가 가르침을 베풀어 즐거움을 얻는다면, 학생은 교사를 기꺼워하면서 자신들의 즐거움을 교사에게 되돌려준다. 그러나 교사에게 가장 큰 즐거움은 늘 학생의 성취에서 온다. 즉 교사는 학생들이 대단한 지적 도전을 이겨내는 모습에서, 또는 톡톡 튀거나 생동감 넘치는 아이디어를 조합해내는 모습에서 최고의 즐거움을 얻는다. 어떤 교사는 학생이 특정한 기술을 익히는 모습을 지켜보며 즐거워하고, 또 어떤 교사는 학생들의 풍부한 상상력을 접하며 크게 기뻐한다. 이 모든 경우에 교사들이 즐거움을 느끼는 이유는 자신의 재능을 통해 학생들이 새로운 무엇을 성취하게끔 돕고, 이해의 지평을 넓히며, 지식을 배워 교화하게 이끌기 때문이다.

단, 모든 것에는 주의가 필요하다. 가르침과 배움의 즐거움은 반드시 지식에 대한 이해와 동경을 높이는 방향으로 느껴야 하고, 누구의 희생으로 즐거움이 주어지면 안 된다. 어떤 일에 감사를 표할 때는 경시하거나 깎아내리면 안 된다.

더욱이 냉소적인 태도는 절대 안 된다. 물론 결코 쉽게 따를 수 있는 권고 사항은 아니다. 누구를 놀리거나 비꼬아서 생기는 유머의 맛은 달콤하지 않던가. 그러나 웃음 탓에 학생의 자존감이 짓눌려서는 안 된다. 마찬가지로 어떤 완전무결한 상태가 웃음으로 인해 깨지거나 줄어들어서는 안 된다. 웃음은 과거의 어떤 상황이나 예술작품 또는 학자의 연구처럼 그 자체로 완전성을 지니게 해야 한다. 온전한 이해를 방해하는 더욱 심각한 적은 냉소주의로, 이 냉소주의는 경이로움과 놀이를 부정한다.

냉소주의는 우리 안의 더욱 고결한 천성을 제대로 인정하지 않은 채 별로 중요하지 않은 문제에 악담을 쏟아내게 만들고, 지식과 판별력을 부인한다. 냉소주의는 아는 체하는 숙명론에 기대어 은연중에 분석과 탐색을 억누른다. 이보다 더 나쁜 이유는, 냉소주의가 인간의 모든 동기를 불순하거나 이기적이라고 본다는 점 때문이다. 이런 태도는 대개 배움에 치명적이다.

모든 가르침과 배움이 흥미를 돋우고 즐거움을 안겨줄 수는 없다. 지식을 전달하고 얻는 것은 지겹고 힘든 일이다. 과정이 고될수록 자주 지치게 된다. 훌륭한 교사는 이런 사실을 절대

모를 수 없다. 또한 훌륭한 교사는 다른 사람들에게 자신들의 고되고 힘든 일을 말할 때도 불평하지 않는다. 교사는 배움이 항상 재미있는 것이라며 학생들에게 동기를 부여할 수가 없다. 배움은 힘들고 할 게 많은 일이기 때문이다. 모든 교사가 알고 있듯, 배움을 통해 학생들을 특별한 즐거움과 그로 인한 만족감으로 끌어들이는 것은 뭔가에 통달하게 만드는 어려운 작업이다.

그렇다면 교사는 어떻게 즐거움을 느낄 수 있을까? 또 자신의 즐거움을 학생들과 나눌 수 있을까?

**즐거움은 학생이 배움을 향유하는 분위기를 만들어내는 것이다.** 이 말은 모든 수업과 모든 배움이 즐거울 수 있다거나 즐겁다는 뜻이 아니다. 지식에 관한 가장 심오한 이해 또는 가장 오래도록 남는 이득은 정말 오랜 수고의 결과다.

그러나 학생이 자신을 확장해 도달하고 싶은 목표에 배움이 잘 맞닿아 있다면, 배움을 통해 학생 스스로 세계에 대한 이해가 증진되었다고 느낀다면, 배움을 통해 학생이 삶의 신비로움과 새롭거나 낯선 지식의 영역을 살짝 들여다보게 된다면, 배움은 즐거울 뿐만 아니라 삶의 가장 큰 만족감을 안겨줄 것이다. 이때 배움은 강한 전파력을 얻고, 학생은 아주 신난 표정으로 학교가 "재미있다"고 말할지도 모른다.

**즐거움은 다른 사람들의 재치를 빛내준다.** 교사가 누구의 희생을 대가로 고용된 사람이 아니라면, 교사가 발산하는 유머와 재미는 논점을 분명하게 만들고, 안도감을 주며, 매력을 내뿜는다. 유머는 너그러운 마음에서 나오는 것이므로, 유머를 풀 죽게 하지 말고 적극적으로 권장해야 한다.

교실이 진지해야 한다고 해서 음침한 분위기를 자아내서야 되겠는가. 배움이 있는 교실은 들뜬 웃음으로 가득 찰 수 있다. 교사는 재치와 유머를 발산할 때 자신을 억제하면 안 된다. 배움을 진지하게 만들려면 재치와 유머 둘 다 꼭 필요하다. 마치 오랜 노동 끝에 찾아오는 휴일처럼, 재치와 유머는 다양한 방법을 통해 삶을 더 온전히 이해할 수 있게 안내한다.

**교사는 배움과 가르침에서 자기가 느끼는 기쁨과 즐거움을 드러내야 한다.** 이 말은 학생들에게 전달하려고 애쓰는 지식에 교사의 책임이 있다는 뜻이다. 동시에 교사는 학생들에게 배움에 꾸준한 애정을 품으라고 가르칠 때, 자신도 배움을 향한 사랑이 있음을 잘 보여주어야 한다. 배움은 때로 쓰디쓴 고통이어서, 저절로 끌리는 사람은 없기 때문이다.

사람들은 대부분 자기 삶에 적합한 지식을 얻었을 때 만족감을 느낀다. 그리고 지식이 이해를 위한 인간적 갈증을 풀어줄 때 가장 잘 배울 수 있다. 교사는 지식이 어떻게 자기 삶을 풍요롭게 했는지, 자신의 가르침이 어떻게 다른 사람들의 삶 또한 풍요롭게 하려는 욕구의 표현인지를 망설임 없이 드러내야 한다. 교사는 자기가 꾸준한 배움을 통해서 얻는 즐거움을 스스로 보여주고자 노력해야 한다.


**즐거움은 배움에 기쁨과 어려움이 함께 있음을 알려준다.** 슬픔을 경험한 뒤에 행복이 더 깊어지듯이, 즐거움 또한 그와 반대되는 고통에 비례하여 강렬해진다. 학생은 배움에서 만족감을 얻기 위해 그 과정에 응당 필요한 노력, 좌절, 절망을 거쳐야 한다. 그리하여 지식을 얻기 위해 기울이는 노력에는 위험과 비용만큼이나 풍부한 이득이 있음을 알게 된다.

교사는 배움이라는 과정에는 어쩔 수 없이 어려움이 따른다는 점을 학생들에게 잘 이해시켜야 한다. 그래야 학생들은 어려움을 수용하고 배움에 임하는 데 좀 더 준비된 자세를 유지할 수 있다. 그러면 어려움을 극복했을 때 솟아나는 기쁨을 만끽할 준비가 된다.

**즐거움은 이전에 가르쳤던 학생들의 성공을 눈으로 확인하는 데서 온다.** 모든 가르침은 학생이 미래를 준비하게 도우므로 가르침이 주는 몇몇 즐거움은 미래를 기대할 수 있어야 한다. 교사는 이전에 자기가 가르친 학생들이 어떻게 변화했을지 기대한다. 모든 교사는 학부모의 희망을 담아 학생들의 지혜와 행복에 헌신해왔다. 교사가 누리는 최고의 기쁨은 자기가 가르친 학생이 성공하고, 그 삶이 지식과 이해로 풍성해지며, 온전히 껴안게 되었음을 아는 데서 비롯한다.

**교사의 궁극적인 즐거움은 자기가 가르친 무언가를 학생들이 배워 알게 되었다는 데서 생겨난다.** 교사가 자신이 가르치는 내용을 학생이 잘 이해하고 자신을 애정과 존경을 담아 회상하기 바라는 것은 당연하다. 물론 약간의 자기중심적인 판단이 필요하지만 이 정도는 용서해줄 만하지 않은가.

어린 알베르 카뮈Albert Camus의 교사였던 루이 제르맹Louis Germain을 질투하지 않는 교사가 있을까? 카뮈는 1957년 노벨

문학상의 주인공으로, 시상식 연설에서 어린 시절 교사였던 루이 제르맹에게 영예로운 수상의 공을 돌렸다. 카뮈 사후에 출간된 《최초의 인간Le premier homme》은 자전적 성격을 빌려 서술한 소설로, 책의 부록에 루이 제르맹의 편지를 소개하고 있다. 편지를 보면 제르맹은 어린 카뮈의 천재성을 발견하고 알제리의 노동계급 환경에서 그를 끄집어냈다. 카뮈는 제르맹이 자신을 지식의 세계로 이끌었다고 말했다.

카뮈는 제르맹에게 이렇게 썼다. "제가 노벨문학상을 받게 되었다는 소식을 들었을 때, 제 어머니 다음으로 가장 먼저 떠오른 얼굴은 당신이었습니다. 당신이 없었다면, 나처럼 가난한 어린아이에게 내민 당신의 사랑스러운 손길이 없었다면, 당신의 가르침과 모범이 없었다면, 오늘 이렇게 제가 상을 받는 일도 없었을 겁니다. 이렇게 영예로운 상을 얻는 데 제가 한 것이라곤 별로 없습니다. 적어도 이 상을 계기로 저는 당신이 어떤 분이었는지, 제게 어떤 분으로 남아 있는지 그리고 당신의 노력과 당신의 일, 당신이 제게 베푼 너그러움이 어린아이의 마음에 언제고 살아 있음을 알았습니다. 나이가 몇 살이 되든 그 아이는 늘 당신에게 감사하는 학생으로 남아 있을 것입니다. 제 온 힘을 다해 당신을 안아드립니다."

교사로서 제자에게 이런 찬사를 받는 것보다 더 큰 만족감이 있을까? 정말 보기 드문 즐거움의 사례로, 두고두고 음미되어야 마땅하다.

즐거움은 가르침의 한 요소다. 이 사실을 인정하면, 배움은 엄격해야 한다고 강조하는 것과 어딘지 어울리지 않아 보인다. 다른 사람의 복리에 막중한 책임을 지고 노력하는 교사의 가르침이 엄중하더라도, 교사와 학생 모두에게 배움의 목표이자 수업의 도구로서 즐거움을 위한 공간이 있어야 한다.

기쁨이 느껴지지 않는 교실, 아무런 위안도 줄 수 없는 근엄한 세미나, 침울한 태도의 냉소적인 교사, 이 모든 것은 배움을 추동하는 자극이 아니라 저해하는 장애물이다. 오히려 웃음, 재미, 재치 같은 특질이 가르침의 기예에 꼭 필요한 요소로 마음과 정신의 문을 활짝 열게끔 도와줄 것이다.

— ✦ —

캐서린 사우어Katherine Sauer 교수는 평범하지 않다. 전통적으로 남성의 전유물이라 여겨지는 화학 분야에서 여성으로서 성공적인 경력을 쌓아오면서 매우 고생했기 때문이다. 사우어 교수는 미국인이지만 기분 전환으로 하는 유일한 취미가 영국 크리켓 경기 기사를 탐독하는 것이었다. 또 대학교수인데도 독특하게 1학년 신입생을 대상으로 하는 가장 기초적인 화학 강좌를 계속 맡겠다고 해서 동료들한테 이상하다는 말을 많이 들었다.

사우어 교수는 왜 이렇게 하는 것일까? 사우어 교수는 "학생들이 아는 게 너무 없기 때문이다"라고 답했다. "누구 한 사람은 목에 걸린 음식물을 밑으로 내려보내야 하지 않겠는가?" 어쩌면 사우어 교수는 동료 교수들에게 조용히 이렇게 묻고 싶을지도 모른다. "당신들 가운데 이런 거추장스러운 일을 하겠다고 할 배짱이 있는 사람이 있기는 해?"

어느 날, 사우어 교수의 가족 중 한 명이 대학은 대학교수를 관대하게 만들지 못하는 것 같다고 말했을 때, 사우어 교수는 이 말을 칭찬으로 여겼다. 사우어 교수는 화학 분야에서 실력을 발휘하는 최초의 여성으로 고군분투하던 대학원생 시절, 왜 교수보다 자신이 학생과 동료 대학원생들을 더 생각해야 하는지 도무지 이해되지 않았다.

지도 교수들은 같은 전공 분야의 남자 대학원생들에게는 요구하지 않았을 실험을 그녀에게 하라고 시켰다. 또 학생이 만들어낸 성과라고 하기에는 너무 훌륭한 실험 결과가 나왔을 때는 사우어 교수에게 똑같은 실험을 두 번 세 번 다시 하라고 요구하기까지 했다. 심지어 사우어가 대학원생 신분으로 연구실에서 공동 연구를 돕고 결국 노벨상까지 받은 박사과정 지도 교수조차도, 사우어가 졸업 후에 첫 직장을 잡아 떠나게 되었을 때 그녀의 성취를 두고 '여성으로서' 대단한 일이라고 했을 정도였다.

해마다 첫 학기에 열리는 사우어 교수의 1학년 강의는 대학에서 전설로 일컬어졌다. 무엇을 배울지도 모르면서 '어려운' 과학 강의에 그저 어려운 숙제가 있으리라고 예상하는 신입생들은 배우고 익혀야 할 내용이 사우어 교수를 대하는 것보다 쉽다는 사실에 아연실색했다. 학생 대부분은 강의 내용을 대체로 잘 익혔지만, 사우어 교수를 즐겁게 만들지는 못했다.

그녀는 의심할 여지없이 자신의 강의 내용을 숙지하고 있었고, 강의는 명쾌했으며, 실험은 강의 내용을 잘 반영했고, 실험 결과는 언제나 그렇듯 강의 목표 그대로 나타났다. 사우어 교수는 실험을 하다가 잘못해 폭발이 일어나거나 갑자기 광선이 뻗치거나 끈끈한 액체가 흘러넘쳐도 웃음기 없는 얼굴로 서 있었다. 학생들은 이럴 때 교수가 웃음을 터뜨릴 것이라고 예상했다. 그러나 같은 실험을 오랫동안 지켜봐온 사우어 교수에게, 학생들이 재미있다고 생각하는 깜짝 놀랄 만한 일들은 그저 지루한 일상에 지나지 않았다.

대부분의 고참 교수들은 황송하게도 실험 실습에 직접 임하지 않고 대학원생들에게 대신 맡기겠지만, 사우어 교수의 엄숙함은 실험실에서도 멈추지 않았다. 사우어 교수는 '학생들이 이 실험에 진지하게 임하지 않는다면, 도대체 뭘 어떻게 배울 수 있겠는가?'라고 생각했다.

요란한 소리와 함께 시험관 물질이 밝은색으로 바뀌고, 원심분리기가 끈적끈적한 물질을 각각의 성분으로 분리해낼 때마다 학생들은 늘 기대에 차 흥분하는 모습을 보였다. "도대체 어떻게 이런 일이 벌어지는 거야?" 하는 학생들의 질문에, 사우어 교수는 변함없이 "도대체 뭘 기대했는데? 원래 이런 거야"라는 식으로 반응했다. 그녀가 절대 양보하지 않고 엄격한 태도를 고수한 채 강의를 진행하다 보니 학생들 대부분은 몇 학기 뒤에 전공을 인문학 분야로 바꾸었다. 사우어 교수는 학생들의 선택을 별로 싫어하지 않았다. 그녀는 "화학을 정말 열심히 공부하지 않는 학생은 필요 없다"고 믿었다.

강의할 때 사우어 교수는 크리켓 경기에 관련된 표현을 많이 사용했기 때문에 학생들은 혼란스러워했다. 실험이 연이어 성공적으로 수행된 것을 칭찬하면서 '해트 트릭hat trick'이라고 하는가 하면 '메이든 오버maiden over[•]'라는 말을 쓰기도 했다. 연구 결과를 작성할 때는 학생들에게 "방망이를 똑바로 들어"라고 조언하기도 했다. 학생들이 당면한 난관을 '스티키 위켓sticky wicket[••]'이라 했고, 앉기 부적절한 자리를 잡은 학생들에게는 '실리 미드 온silly mid on[•••]'에 자리 잡았다고 했다. 사우어 교수의 강의를 듣는 학생들은 아마도 교수가 농담을 던진다고 생각했을 것이다. 그러나 사우어 교수의 품행이 절대 흐트러지지 않는다는 사실을 발견한 학생들은 그녀의 수수께끼 같은 촌평이 그녀의 한결같은 엄숙함과 그리 다르지 않다고 여기게 되었다.

사우어 교수는 대학원생들, 특히 독신인 채로 화학 연구에만 매진하는 대학원생들과 어울리기를 좋아했다. 함께 실험실

---

[•] 크리켓에서 득점을 올리지 못한 한 회(오버) 경기를 가리킨다.

[••] 비가 내린 뒤 크리켓 경기장이 질척질척해진 상태. 질척대는 경기장에서는 공을 다루기가 어려운 것에 빗대어 난처한 상황, 곤란한 처지, 불편한 여건을 뜻하는 숙어로 사용된다.

[•••] 잠재적으로 위험한 자리라는 뜻.

에 있을 때면 마치 집에 있는 것처럼 편하게 느꼈다. 사실 사우어 교수는 모든 대학원생이 이러한 태도로 연구에 매진해야 한다고 여겼다. 그러다 보니 대학원 학업에 관한 대학 차원의 지침서를 작성하면서 기혼 상태의 대학원생들은 배우자와 떨어져 살아야 한다는 권고를 담을 정도였다. 사우어 교수는 이 지침서에 "사랑은 공부에 전혀 도움이 되지 않는다"고 적었다.

대학원생들은 교수의 권고를 거의 따르지는 않았지만, 많은 대학원생이 어쩔 수 없이 그녀와 함께 공부해야 했다. '함께'는 말 그대로 대학원생들이 사우어 '교수와 함께 with her' 공부하는 것을 뜻했다. 사우어 교수는 자신의 연구 분야인 물리화학 전공 학생들에게 각자 담당하는 실험을 실행하고, 또 실행하고, 한 번 더 실행할 때까지 자리를 떠나지 않는 게 좋겠다고 말했다.

사우어 교수는 학생들에게 사랑받는 동료 교수의 지도 방식을 전혀 사용하지 않았다. 어떤 교수는 역사학 강의를 들으러 온 대학원생들에게 처음 60분 동안 자기 강의를 듣는 것보다 도서관에 가서 책을 읽는 편이 다섯 배는 더 낫다고 말했다. 강의 시간 내내 그의 손에는 끝이 닳아빠진 작은 노트가 들려 있었는데, 그는 눈을 반짝이며 포르투갈 상선의 역사를 이야기해서 수강생의 마음을 사로잡았다. 물론 이 내용을 그 교수보다 더 잘 아는 사람은 아무도 없었다. 스페인 사람들의 탐험을 다룬 그의 역작이 퓰리처상을 받았을 때, 사우어 교수는 그의 작품에 담긴 탁월함을 칭찬하기는커녕 수상자를 선정하는 위원회에 그의 동료 교수가 많았다고 말하며 그의 업적을 깎아내렸다.

사우어 교수를 즐겁게 할 만한 것이 없었기 때문에 대학원생들은 오로지 자기 할 일만 하고 되도록이면 일찍 물리화학 강좌에서 빠져나오려고 애썼다. 대학원생들은 이런 사실을 서로 공유했다. 그녀가 교수로 재직하는 동안 학업과 연구를 함께 한 학생은 겨우 두 명에 불과했다. 한 명은 자기 아버지가 운영하는 화학 회사에 갔고, 다른 한 명은 산업체 연구에 자금 지원을 승인하는 투자자문 회사에 취직했다. 안타깝지만 그녀 밑에서 화학자로 길러진 연구직 종사자는 단 한 명도 없었다.

그러나 그녀의 강의를 들은 학생들 다수가 화학 관련 분야에서 두각을 나타냈다. 특히 한 학생은 몇 년 동안 선구적인 연구를 수행한 공로로 아주 유명해졌으며 훗날 노벨상까지 받았다. 노벨상 수상을 축하하며 자기 스승들을 모두 초청한 자리에 사우어 교수는 참석하지 않았다. 사우어 교수는 자기 동료에게 불만 섞인 투로 "그녀가 노벨상을 받은 이유는 단지 여자이기 때문이야"라고 말했다고 한다.

사우어 교수는 퇴직할 때가 되자 담당했던 강의와 수준 높은 연구 작업을 모두 그만두고 영국으로 떠났다. 그곳에서 비로소 크리켓을 향한 그녀의 욕망을 마음껏 발산할 수 있었다. 사우어 교수는 일과는 다른 자기 삶을 살고자 은퇴에 대비해 따로 돈을 모아두었다. 10대 시절 방학 때 자기 부모와 함께 즐기던 크리켓 게임을 다시 배우겠다며 단 한 번의 방학도 휴가답게 쓰지 않았기 때문이다.

그녀에게는 즐거움과 여가도 사랑처럼 공부와 연구를 방해하는 요소였다. 그래서 교수로서 보내는 마지막 학기가 끝나자 아무 미련 없이 실험실을 폐쇄하고 런던으로 떠난 것이었다. 사우어 교수가 런던으로 떠나기 전 학과 동료 교수들과 함께한 만찬이 열렸다. 그러나 동료 교수들은 그 자리에서 학과 운영 이야기를 주고받았으며, 그중 몇 명은 자신들에 관한 농담으로 폭소를 자아냈다. 그 만찬의 주인공 격인 사우어 교수 이야기를 꺼내는 사람은 아무도 없었다.

사우어 교수가 《화학자를 위한 크리켓Cricket for Chemists》이라는 신간을 출간했을 때, 학과 동료 교수들은 이 책이 자신들이 생각할 수 있는 사우어 교수의 가장 엉터리 같으면서도 어쩌면 가장 걸맞은 재능을 보인 결과라고 말했다. 이에 대해 사우어 교수는 아무런 긍정도 부정도 하지 않았다. 자신을 소개한 동료 교수들에게 그녀는 "저는 크리켓 경기에 관해 정말 아무것도 몰라요. 아마 앞으로도 많이 배워야 할 거예요"라고 대답했을 뿐이다.

# 마치며

## Afterword

　가르침을 구성하는 요소에 관해 전부 읽은 지금, 여러분은 의아해할지도 모르겠다. 보기 드문 몇몇 모범적인 교사들조차 이 기준에 부합하기는 어렵지 않을까 하고 말이다.

　우리가 그려 보인 인성, 마음, 정신을 학교 교실이나 대학 강의실처럼 다양한 여건 아래 진행되는 수업에서 교사와 교수가 어떻게 구현해낼 수 있을까? 학부모나 외과 의사, 스카우트 지도자처럼 가르침을 직업으로 삼지 않은 사람들은 일상생활에서 이런 성품을 어떻게 불러낼 수 있을까? 다양하게 제시된 요소는 어떻게 조화로운 균형점을 찾을 수 있을까? 이 요소들 사이에 존재하는 긴장을 어떻게 해소할 수 있을까? 예를 들어 교사는 어떻게 연민에서 요구하듯 공감적이며 학생에게 집중하는 동시에 윤리에서 요구하듯 감정에 좌우되지 않는 냉정함을 유지할 수 있을까? 가르치는 누구라도 우리가 분류하고 기술한 가르침의 요소를 두루 갖추고 있지는 않다. 가르치는 사람들 스스로 그럴 수 있다고 여기거나 그러기를 바란다면 결코 정상이라고 보기 어려울 것이다.

여러분은 이 책을 읽고 나서 사람들이 왜 교사가 되거나 교사로 남아 있는지 의아해할 수도 있다. 교사가 되는 데 필요한 요구 사항이 너무 많고 책임이 몹시 큰데도 말이다. 더욱이 많은 요구와 책임은 즉각적이고 긴급하며 또 막중하지 않은가.

사람들이 가르치는 일을 택하는 이유는 가르침이 학생의 외적인 부분뿐만 아니라 내적인 부분에까지 놀라운 영향을 미치는 매력을 알기 때문이다. 한때 학생이기도 했던 이들은 교사가 학생의 학습을 돕기 위해 얼마나 애쓰는지 알고 있다. 가르치는 사람들은 다른 사람에게 교과 지식을 전달하는 것 자체와 효과적으로 지식을 전달하는 것이 자기 인생에서 가장 기쁜 두 가지 즐거움이라는 사실을 안다.

가르침에 관해 말하거나 글을 쓰는 행위는 실제로 무언가를 가르치는 일보다 훨씬 쉽다. 이 책에서 조심스럽게 검토한 가르침의 측면들은 이상적이다. 즉 실현할 수 있는 것이 거의 없다고 하더라도 늘 추구해야 하는 목표이자, 삶에서 도달하기 가장 어려운 목표다. 아마 한 번도 가르쳐본 적 없는 사람들은 교실 수업에 부과되는 에너지, 인내, 의지력에 대한 요구가 어느 수준인지 도저히 상상할 수 없을 것이다.

손에 잡힐 만한 분명한 성과를 알지 못한 채 가르치는 일이 너무 자주 요구되며, 이미 엄청난 노력을 쏟아서 가르친 내용을 몇 번이고 반복해 다시 가르치라는 요구를 받는다. 교사와 학생들에게 큰 극복 과제가 된 해로운 사회환경 탓에 오늘날의 가르침은 이전과 비교할 수 없을 정도로 많은 것을 요구한다.

그래서 우리는 매일같이 모범을 보이고, 일하고, 전달하고, 목표 달성을 위해 애쓰고, 고군분투하는 것에 관한 열린 대답으로 진리 또는 원칙이라고 할 만한 것이 무엇일지 탐색해보았다. 인지하고 있든 그렇지 않든 간에 말이다. 이 책은 교사가 도대체 무슨 일을 하는지와 관련해 좀 더 나은 실천적 이해를 제공하고자 했다.

우리가 가르침은 매우 특별한 자질과 책임감을 요구하는 아주 특별한 직업이라는 신념에 따라 진지하고 정직하게 이 책을 썼다는 점을 눈치챈 독자도 있을 것이다. 그 생각은 옳다. 우리는 가르침이 삶에서 가장 진지하고 책임이 막중한 활동이어야 한다고 믿는다. 가르침이 추구하는 목표는 교사에게 권리보다 더 도덕적이고 지적인 의무감을 부여한다. 가르침은 일종의 공직으로, 공직에 임하는 사람들은 인류 공동체를 위해 대리인으로서의 책임을 다해야 한다.

가르침은 다른 사람을 위해 부여된 재능이다. 가르침은 다른 누구의 필요와 소망을 인지해 열정적으로 자기를 확장하는 것이다. 그 다른 누구가 가르치는 사람보다 늘 어리다고 할 수는 없지만, 적어도 그 순간만큼은 교사에게 지식을 의지해야 하는 사람이다. 교사에게 부여된 재능은 가르침이 주는 가장 큰 만족감으로 채워진다. 학생의 정신과 마음의 습관을 길러주고 생각의 힘을 전해주면서, 저마다 반드시 갖춰야 할 지식을 나눠줄 때 생기는 만족감 말이다.

어떤 이들은 이 책이 가르침을 너무 진지하고 심각하게 여기는 것 아니냐고 할 테고, 또 어떤 이들은 책에서 제안한 원칙을 교사들이 받아들이고 노력하리라고 너무 순진하게 믿고 바라는 것 아니냐고 할 수도 있다. 우리가 너무 많은 요구를 한 걸까? 그렇게 생각하지 않는다.

모든 교사는 한때 학생이었다. 더불어 이 글을 읽는 대부분의 독자는 자기가 학교에 갓 입학해서 교실 수업과 학교 숙제가 그다지 쉽지도, 그렇다고 당연하지도 않다는 사실을 깨달은 순간을 떠올릴 것이다. 교사들은 가르침의 요소들이 각자의 삶에 적용 가능하다는 점도 인정하게 될 것이다.

많은 교사가, 어쩌면 대부분은 학창 시절에 느낀 풍부한 즐거움과 만족감 때문에 가르치는 일에 종사한다. 그런데 이런 교사들은 자기가 가장 좋아하고 또 사랑했던 교사가 어떤 사람이었는지 거의 생각해보지 않은 듯하다. 교사뿐만 아니라 자신의 삶을 풍성하게 만들어준 부모님, 친구, 동료들에 대해서도 마찬가지다. 우리는 최고의 교사였던 분들을 떠올리고 그들의 훌륭하고 특별한 재능이 무엇이었는지 이해하고자 노력했다. 이 책은 부분적으로 그분들께 드리는 진심 어린 찬사이기도 하다.

가르침의 요소elements of teaching라는 이 책의 주제는 가르침을 위한 수단보다는 태도, 행동, 소망, 본질과 더 관련이 깊다. 우리의 관심은 가르침의 방법이 아니라 가르침을 향한 접근, 시각, 전제에 있었다. 가르침의 기술과 방식이 덜 중요하다고 생각하는 것이 아니다. 오히려 정반대다. 가르침에서 꼭 필요한 인성, 몸가짐, 지식이 어떤 것인지 생각해보았다. 지금까지 나온 교육 관련 문헌은 이런 특질에 별로 관심을 기울이지 않았다고 믿어서였다. 가르치는 데 오로지 '하나의 방식'만 있는 것은 아니다. 이 책에서 다룬 품성들이 다 함께 조화를 이룰 때 비로소 훌륭하고 위대한 가르침이 이루어진다.

물론 우리가 언급한 품성들이 가르침의 요소 전부를 뜻하지는 않는다. 중요한 요소라고 믿는 것에 관해 쓰면서, 따로 강조하지 않은 다른 요소들을 배제하려는 의도는 없었다. 이 책에서 언급한 여러 특질과 함께 헌신devotion · 정직honesty · 용기courage · 낙천성optimism · 고결함integrity · 정신spirit처럼 다른 많은 특질도 논의하고 또 내포하려고 애썼다. 그리고 이런 특질들이 결코 잊히지 않기를 바란다.

이 책에서 가르침의 요소로 제시한 이상과 교사들이 매일 수행하는 실천 사이에는 차이가 있는 듯하다. 그러나 그 차이가 크다고는 생각하지 않는다. 이는 교사들에게는 강렬한 소망이 있다는 우리의 확신과 교육 현장에서 마주한 경험에 기인한 판단이다. 확신하건대, 가르쳐본 경험이 있는 사람이라면 가르치는 일이 지독하게 어려우며 자신을 지쳐 쓰러지게 한다는 점을 부인하지 않을 것이다.

끊임없이 가르침에 임해본 경험이 없는 사람들은 가르침에 무엇이 필요한지, 어떤 내면의 자질이 요구되는지, 가르침을 통해 기쁨과 만족감을 얻는 것을 뛰어넘어 뭐가 더 필요한지 알기 어렵다. 예전에 잠깐 가르쳐본 사람들은 교사가 학교에서 마주하는 도전적인 문제를 경험해보지 못했을 것이다. 가르치는 일만큼 매일, 매주, 매달, 매해 이토록 많은 응용과 인식, 에너지를 요구하는 인간 활동이 또 있을까. 가르침을 하루 동안 일상적이고 평범하게 수행하려면 과업에 필요한 모든 것이 한꺼번에 요구된다.

여러분은 이 책의 내용이 교사를 향한 너무 높은 기대라고, 또는 오늘날 학교 교실이 놓인 사회적 환경을 간과한 비현실적인 것이라고 결론 내릴지도 모르겠다. 이 책에서 언급한 모든 품성을 지녔거나 실천할 수 있을 만한 사람은 거의 없다고, 아니 아무도 없다고 말하고 싶을 것이다. 어쩌면 행동의 기준을 만들고 제시하는 것은 기준을 체득해 쌓는 것보다 늘 쉽다고 강력히 항변할지도 모른다.

그렇다고 교사 대부분은 이런 기준에 도달하기 어렵다고 미리 단정해버리는 것은 엄청난 실수다. 교사들 앞에 놓인 문제를 충분히 고려한다고 하더라도 말이다. 만약 그렇게 가정해버리면 교사들이 일상적으로 수행하는 가르침과 교사가 지극히 평범하게 하루하루 성취해내는 것들을 잘못 판단하게 될 것이다. 가르침을 구성하는 모든 행위는 우리가 이 책에서 언급한 수업의 핵심 요소 하나 또는 그 이상을 채택해 가르침의 사례를 만들기 때문이다. 물론 그 방식이 옳을 수도 있고 그렇지 않을 수도 있지만, 모든 가르침은 이 요소들의 조합으로 구성된다.

비록 제대로 인지하지 못하더라도 다른 누구에게 지식을 전달하려 하는 사람이라면 이 요소들을 실천에 옮겨야 한다. 현실에서 대부분의 교사가 그러지 않는다는 것은 우리가 언급한 요소들과는 아무 관련이 없다. 교사들의 마음과 품성이 학생들의 마음과 품성하고 관련 없듯이 말이다. 따라서 요소를 하나하나 구분하고 논의하는 것은 가르침의 기예에 숙달하는 데 선결되어야 할 조건이다. 단, 요소 가운데 하나 또는 모든 요소를 길러야 한다며 절망하라는 뜻은 아니다.

가르침의 기예를 통해 훌륭한 가르침을 수행하기가 그토록 어려운 이유는 가르침의 요소 한두 개가 교실에서 끊임없이 발현되어야 하기 때문이 아니다. 이 모든 것이 한꺼번에 이상적으로 발현되어야 하기 때문이다. 가르침의 요소를 더 잘 이해하고 활용하기 위해 필요한 원리가 무엇인지 분명히 말하려면 구성 요소를 구분해야 할 때도 있다. 그러나 단지 이해를 위한 목적으로 구분할 뿐이다. 이 요소들은 분리되지도 않으며 분리할 수도 없다. 교사 개인 안에 교사의 정체성을 만드는 요소들이 함께 존재한다.

의대생은 인간 해부학을 공부하기 위해 장기를 한 번에 하나씩만 공부하지만, 나중에 노련한 의사가 되어 환자의 질병을 진단할 때는 환자를 효과적으로 치료하기 위해 생리학 전반의 지식을 동시에 불러내 활용해야 한다. 교사들도 마찬가지다. 가르침의 기예를 한 번에 한 가지씩 살펴보지만, 가르치는 자리에 서게 되면 교사의 사명을 실현하기 위해 자신의 모든 품성과 마음과 정신을 불러내야 한다.

교사는 자아의 확장을 몇 번이고 거듭하는 노력이 필요하다. 이처럼 수고로움을 요구하는 소명이 얼마나 또 있을까. 교사는 자기의 가르침에 배움이나 연민 또는 상상력만 끌어오는 것이 아니라 온전한 자아를 불러내야 한다. 가르침을 오래 이어오고 있는 이들은 수업에 쏟아부은 모든 것이 세계와 맺은 약속에서 비롯된다는 사실을 잘 안다. 가르침의 신비로움과 만족감은 교사가 가르치려고 애쓰는 사람들의 이익을 위해 내면에서 삶의 지식을 불러내는 쉼 없는 능력에 기인한다.

가르침의 요소는 교사 모두에게 내재하는 인간성의 요소보다 많지 않으며, 교사는 자신의 가르침을 통해 인간성에 관한 앎을 분명히 한다. 교사들에게 가르침을 구성하는 특정한 요소를 찾아보라는 것은 곧 교사가 인간으로서 지닌 내면의 자원을 잘 살펴보라는 말과 같다. 몇몇 측면에서 가르침에 관한 우리의 분석은 교사가 날마다 만들어내는 아주 특별한 자아의 재능을 구성하는 요소들을 분명하게 보여주려는 노력에 지나지 않는다.

가르침은 고독하지만 고립된 곳에서 일어나지는 않는다는 모순 때문에 가르침을 행하는 일은 결코 쉽지 않다. 가르침은 여느 수많은 활동이나 직업과는 다르다. 교사들은 학교에서 학생들과 어울리기는 하지만, 교사 자신의 이익이 아닌 학생의 복리, 즉 이해를 증진함으로써 학생의 삶에 대한 참여를 높이기 위해 혼자서 모든 지식과 에너지, 창조적 재능을 거듭 발휘한다. 물론 교사는 학교나 대학에서 늘 함께하는 동료 교사나 교수 공동체의 일부이기는 하다. 그렇지만 교사는 언제나 다른 교사와 동떨어져 일한다. 교사 한 명 한 명은 서로 다른 마음과 흥미를 품고 여러 교과에 주의를 기울이는 다양한 학생 그룹을 만나게 된다.

아마도 이 책은 교사가 지닌 본질적 고립감을 어느 정도 줄여주는 데 도움이 될 것이다. 가르침을 향한 경험과 열망이 많은 교사는 이 책에서 다룬 말, 실천, 관찰, 독서, 생각거리를 바탕 삼아 매일매일 기울이는 노력을 구성하는 마음과 정신의 특질을 곰곰이 생각해볼 것이다. 모두가 교사로서 이러한 품성을 교육받지 않았고, 어쩌면 앞으로도 교육받지 못할 것이다. 게다가 품성을 어떻게 적용하고 활용해야 하는지도 훈련받지 못했다. 그러나 똑같은 노력을 기울여 가르침에 참여하는 교사들이 마음과 정신의 특질을 함께 살펴봄으로써 모든 이의 인식 수준을 높여갈 수 있다.

교사 개인에게 가르침은 외롭고, 절제를 요구하고, 몸과 마음이 소진되는 일이다. 그러나 가르침의 목적, 요소, 책임은 서로 협력적이고 조화를 이루어야 한다. 교사 개개인은 학생들이 인격을 형성하고 마음을 채워나갈 수 있게끔 돕는 다양한 목표를 공유한다. 모든 교사는 각자의 가르침을 구성하는 요소들을 구현하고자 노력하고, 자기가 맡은 모든 학생의 복리를 보호하기 위해 상호 공통적인 의무를 떠맡는다. 교사는 자기 학생을 가르치는 다른 교사와 학생의 배움이 맺는 성과에 관한 이해관계를 공유한다. 여기에는 예전에 그 학생을 가르쳤던 교사들과 앞으로 가르칠 교사까지 포함된다. 어떤 교사도 다른 교사의 기술이나 품성을 정당하게 배제할 만큼 단 하나의 기술이나 품성만 강조할 수는 없다. 모든 교사는 무언가를 함께 가르치고 같은 정도의 노력으로 이 일을 실현하는 데 공동의 책임을 진다.

가르침은 고독하면서도 한편으로는 완전히 집합적이며 공동체적이다. 모순된 이야기가 아니다. 어떤 교과를 가르치든 궁극적인 목표는 모두 똑같다. 관찰하고 논쟁하며 분석하는 능력을 일깨우고 키워주는 것이다. 그뿐 아니라 정확하게 쓰고 말하고 주의 깊게 읽도록 가르치는 것, 아주 특별한 품성과 인격을 가르쳐주는 것이다. 모든 목표가 특정 교과를 가르치면서 이루어진다.

가르치는 행동이 활동이나 결과에서 얼핏 고독해 보일지는 모르지만, 가르침은 협력적인 노력의 일환이며 각 학생에 대해 공유된 책임을 수반하고 상호 공통적인 요소는 함께 책임진다. 교사들은 이를 잘 인지하지 못할 수도 있고 자주 논쟁하지 않을 수도 있다. 그러나 목적과 책임의 상호성은 가르침의 요소가 지닌 아주 보편적인 특징으로, 생각이 같은 전 세계 공동체의 모든 교사를 연결한다.

물론 공동체에는 학생도 포함된다. 상호성은 교사들 간의 관계가 그렇듯 학생과 교사의 흥미와 책임 또한 중요하게 여긴다. 교사와 학생의 관계는 세간에서 생각하는 방식과는 달리 서로 주고받는 관계다. 이 책에서 논의한 가르침의 요소도 교사가 학생이 계발하기를 희망하는 품성과 똑같다.

바로 이 때문에 교사는 자신의 수업 그리고 평소 자신의 말과 행동에서 모범이 되어야 한다. 이것이 곧 교사가 다른 이에게 심어주고자 하는 품성과 인격이다. 만약 교사가 이를 성공적으로 실천한다면 학생에게서 가르침에 관한 기준을 유지시키는 자극과 힘을 끌어낼 수도 있다.

가르침은 경험을 공유하는 일이다. 교사는 행동을 공유하면서 어려움에 굴하지 않고 꾸준히 나아갈 수 있게끔 스스로 풍성하고 담대해진다. 교사가 학생에게 관심을 기울이면 학생의 미래를 희망적으로 내다보게 된다. 낙천성은 누구나 부러워할 만한 것으로서 확산되어야 한다. 교사의 낙천성은 학생이 직면하는 도전적 문제를 훌륭한 가르침을 통해 해결하게끔 그들에게 자양분을 제공해준다. 교사와 학생이 상호 보완적인 관계라고 할 때, 가르침은 마치 테니스 경기와도 같다. 적어도 네트를 사이에 두고 양쪽에 한 명씩, 두 명의 선수가 있어야 한다. 그리고 경기가 이루어지고 있음을 보여줄 수 있게 두 선수

모두 적극적으로 테니스공을 주고받아야 한다.

　이렇듯 이 책은 교사가 교육에 임하는 모습과 활발한 상호 작용을 이끌어내는 교사의 인간적 특질을 말하고자 했다. 교사의 재능을 가장 잘 활용하려면 학생은 어떻게 행동해야 할까? 반드시 던져야 할 질문이다. 적절히 대답하려면 또 한 권의 책이 필요할지도 모르겠다. 아니면 여러분이 이 책을 읽으며 즐거움과 함께 뭔가를 얻었기를 바라면서 그저 여러분의 상상력에 맡기고자 한다.

# 옮긴이의 말

이 책은 2003년에 번역 발간된 《훌륭한 교사는 이렇게 가르친다》의 개정판을 새롭게 번역한 것이다. 저자 두 분의 이력이 서로 많이 다르긴 하지만, 평생을 가르치는 일에 종사했다는 점은 같다. 저자들이 서문에서 밝히듯, 초판 내용의 얼개를 크게 수정하지 않은 채 한 개 장(章)을 덧붙이고 사례를 새롭게 했다.

이처럼 일부 달라진 부분이 있지만, 이 책이 전하고자 하는 '훌륭한 교사' '잘 가르치는 사람'의 특성을 핵심으로 삼은 점에는 변화가 없다. 즉 이 책은 가르치는 사람들의 인격적 속성을 열 가지 요소로 제시해, 가르침에 임하는 자신을 돌아보게 한다.

가르침을 구성하는 인격적 속성, 곧 이 책에서 소개하는 가르침의 열 가지 요소를 이해하기는 전혀 어렵지 않다. 아주 익숙한 표현들이기 때문이다. 가르치는 사람이라면 배움, 권위, 윤리, 질서, 상상력, 연민, 인내, 끈기, 인격, 즐거움과 같은 요소가 얼마나 중요한지 귀가 따갑도록 들었으리라. 아니, 저자들의 말마따나 딱히 가르치는 일에 종사하는 사람이 아니더라도 각각의 인격적 속성이 삶 속에서 얼마나 의미 있는지 누차 강조되어왔음을 잘 알고 있으리라.

그런데 정작 이것이 무엇인지 가만히 뜯어보고, 이를 어떻게 실천할 것인지, 특히 가르치는 사람의 몸과 마음을 통해 각 요소를 어떻게 드러낼지 곰곰이 생각해보면, 머릿속으로 이해하고 떠올렸던 그림들이 사라져버리는 경험을 하지 않을까? 용어 자체는 상식적이고 일반적이지만, 이런 인격적 속성은 타인과의 관계 속에서 실현되기 때문이다. 즉 그 말이 무엇을 뜻하는지 이해하는 주체는 나이지만, 각 요소가 가르침의 맥락에서 실현되었는지 아닌지 판단할 수 있는 주체는 나를 넘어선 '우리'가 된다. 바로 이 점 때문에 가르침의 요소라고 명명된 각각의 인격적 속성은 가르침에 임하는 사람, 특히 교사들에게 난해한 개념이 되고 만다.

이 책에서 소개하는 배움, 권위, 윤리, 질서, 상상력, 연민, 인내, 끈기, 인격, 즐거움은 머릿속에서만 떠올리는 이론적 개념이 아니다. 그래서 평생을 가르치는 자리에 서서 학생들과 함께한 저자들은 이러한 가르침의 요소를 사회과학적 이론과 체계적인 개념의 구조로 설명하지 않는다. 저자들은 각 요소들이 가르치는 사람들의 인격적 속성으로 자리 잡으면 어떻게 되는지를 조용히 기술할 뿐이다. 가르치는 일을 궁금해하는 제자, 또는 가르치는 일을 시작했거나 가르치는 일을 어느 정도 한 사람들에게, 몸과 마음에 축적한 '노하우'를 찬찬히 풀어 내 보여주는 방식으로 말이다. 벌써 눈치챘을 수도 있겠지만, 이런 저자들의 이야기는 몇 번씩 곱씹게 되는 삶의 지혜를 담고 있다. 특히 가르침의 고유한 특성을 가르치는 자의 인격적 속성을 통해 고스란히 보여준다.

교육 현장에서 이 마법과도 같은 열 가지 요소를 실천하는 교사들에게 이 책이 큰 도움이 되기를 기대한다. 가르치는 일이 점점 더 버거워지는 세상에서 가르치는 일을 동경하고 또 그렇게 가르치고자 배움에 임하는 모든 이들에게 이 열 가지 요소가 중요한 삶의 지혜가 되기를 바란다. 그리고 이 열 가지 요소가 가르치는 일의 보람과 가르치는 일의 결과를 평가하는 기준이 아니라, 가르치는 스스로를 돌아볼 수 있는 성찰의 도구가 되기를 간절히 바란다.

저자들이 강조한 바와 같이, 이러한 모든 요소를 완벽하게 소화하는 사람은 없다. 나 역시 마찬가지다. 이러한 인격적 속성을 계발해 자기의 가르침을 더 낫게 만들려는 당신을 응원할 뿐이다. 나 또한 그렇게 노력할 것이다. 부디 이 책이 우리 사회에서 가르침에 대한 인격이 성숙해지고, 가르침과 배움이 즐거운 삶의 과정이 될 수 있게 뿌려지는 작은 밀알이 되기를 기대해본다.

역자가 달라지면서 문장을 구성하는 표현이나 톤도 달라졌을 것이다. 이런 변화가 초판 번역본이 가져다준 가독성을 깨뜨리지는 않을까 몹시 조심스럽다. 사실 역자로서 이 책의 내용을 알아들을 수 있는 우리말로 옮기는 작업의 한계를 많이 느꼈다. 꽤 오랜 시간 '가르치고 배우는 것'을 학문의 대상으로 삼아 연구자가 되었고, 또 '가르치고 배우는 일'을 내게 주어진 최고의 직업으로 여기면서도 저자들의 깊은 내공과 삶의 지혜를 온전히 번역해내기 버거웠다. 고전문헌을 전공한 저자의 언어적 감각 때문이기도 하겠지만, 이들이 평생에 걸쳐 가르치면서 몸과 마음에 새긴 가르침의 인격에 내가 한참 못 미치기 때문이었을 것이다. 번역하면서 제대로 녹여내지 못한 언어 때문에 초판본에 비해 독자들의 이해를 방해할까 걱정이 앞서는 이유다.

여러모로 어려운 상황에서도 번역 개정판을 출판해주신 다봄출판사 김명희 대표님과 편집인들께 감사의 마음을 전한다. 부끄럽지만 번역어의 미숙함과 혹 있을지 모르는 오류는 오롯이 번역자가 짊어져야 할 몫이다.

2022년 1월

유성상